Silke Petry/Rolf Keller

Kriegsgefangenenlager

Wietzendorf

Geschichte und Gedenken

Impressum

Silke Petry I Rolf Keller
Kriegsgefangenenlager Wietzendorf
Geschichte und Gedenken

Herausgegeben von
der Stiftung niedersächsische Gedenkstätten und
der Gemeinde Wietzendorf

Redaktion
Kerstin Gade, Rolf Keller, Silke Petry

Gestaltung
ermisch I Büro für Gestaltung

Druck
ROCO Druck, Wolfenbüttel

ISBN
978-3-946991-09-0

Diese Veröffentlichung wurde gefördert von der Beauftragten der Bundesregierung für Kultur und Medien aufgrund eines Beschlusses des Deutschen Bundestages

Die Beauftragte der Bundesregierung
für Kultur und Medien

Inhaltsverzeichnis

1
2
3
4
5
6
7
8

Vorwort

Das „Lager Osterheide" spielt in der jüngeren Geschichte der Gemeinde Wietzendorf eine bedeutende Rolle. Im Sommer 1941 eingerichtet, diente es im Verlauf des Zweiten Weltkrieges zunächst als Mannschafts-Stammlager und Lazarett für sowjetische Kriegsgefangene, kurzfristig als Aufnahmelager für zivile Zwangsarbeiterinnen und Zwangsarbeiter aus der Sowjetunion, dann als Durchgangslager für italienische Militärinternierte und schließlich als Aufenthaltslager für italienische und französische Offiziere.

Nach ihrer Befreiung mussten die Italiener hier noch einige Monate auf ihre Heimkehr warten, anschließend zogen Flüchtlinge und Vertriebene aus den deutschen Ostgebieten ein und schufen eine eigene kleine Ortschaft, die bis Anfang der 1960er Jahre bestand. Die letzten Relikte des Lagers wurden schließlich in den 1980er Jahren beseitigt.

Dieses Buch beschreibt ausführlich die Geschichte des Kriegsgefangenenlagers und das Schicksal der Menschen, die hier untergebracht waren. Der zweite Teil des Buches widmet sich dem Umgang mit dem von der Wietzendorfer Bevölkerung so genannten „Russenfriedhof" und der Erinnerung an die ums Leben gekommenen sowjetischen Kriegsgefangenen.

Die Gemeinde Wietzendorf hat eine sehr positiv aufgenommene Erinnerungskultur entwickelt. Ich möchte mich daher in diesem Zusammenhang bei meinen Vorgängern Gustav Isernhagen und Uwe Wrieden für ihr jahrzehntelanges Engagement bedanken. Ab Ende der 1980er Jahre trafen vermehrt Anfragen von Angehörigen ein, die den Wunsch hatten den Begräbnisort ihres Vaters, Großvaters oder Onkels zu besuchen. Seither reisen jährlich bis zu zwanzig Besuchergruppen aus Russland und anderen Nachfolgestaaten der Sowjetunion an. Sie werden im Rathaus empfangen und informiert und dann auf dem mit Hinweisen und Monumenten versehenen Weg vom Bahnhof über den alten Friedhof, vorbei am früheren Lager bis zum Friedhof begleitet und betreut. Auch das kleine Museum im Peetshof wird dann gern besucht. Auf dem Friedhof legen die Angehörigen Blumengebinde nieder, sprechen Gebete und nehmen oft Erde vom Friedhof mit nach Hause. An dieser Stelle gebührt ein besonderes Dankeschön Alla und Peter Wanninger. Sie unterstützen

Luftbild der US-Air Force, 3. September 1945

1 Bahnhof
2 Wietzendorf
3 Lager „Osterheide"
4 „Heidelager"
5 Kriegsgefangenenfriedhof
6 „Maidenlager" des Reichsarbeitsdienstes
7 Truppenübungsplatz
8 Flüsse Wietze und Aue

Luftbilddatenbank Dr. Carls GmbH, Estenfeld

die Gemeinde Wietzendorf bei dieser Aufgabe nach Kräften. Beide waren auch beteiligt, als die Arbeitsgemeinschaft Bergen-Belsen ein Erinnerungsprojekt startete: Vor dem Eingang zum Friedhof wurden Stelen aufgestellt, an denen Tontafeln mit Namen, Geburts- und Sterbedaten von hier bestatteten sowjetischen Kriegsgefangenen angebracht werden. Die Tontafeln werden nach und nach von Schülerinnen und Schülern aus der Region angefertigt. Für die Familien der Opfer ist es mehr als tröstlich, dass wir über die wichtige Arbeit der Jugendlichen den hier zumeist in Massengräbern beerdigten Soldaten ihren Namen wiedergeben.

Von alldem erzählt dieses Buch von Silke Petry und Rolf Keller. Ich bin den Autoren sehr dankbar, dass sie die Geschichte des Lagers Osterheide und des Kriegsgefangenenfriedhofs akribisch aufgearbeitet haben. Der Stiftung niedersächsische Gedenkstätten gebührt ein herzlicher Dank für die vorbildliche Zusammenarbeit bei der Entstehung und dem Vertrieb dieser Publikation.

Das Buch enthält eine große Zahl an Abbildungen. Sie helfen bei der Annäherung an das mitunter nahezu Unfassbare, was hier geschehen ist. Das Material stammt aus Archiven und privaten Sammlungen in Deutschland, Russland, Weißrussland, Italien und Frankreich. Eine wichtige Quelle war auch das Archiv des Heimatvereins Wietzendorf e. V.

Viele Personen haben geholfen, Fotos, Berichte, Dokumente und Informationen zusammenzutragen. Mein herzliches Dankeschön gilt hier insbesondere Martina Wagemann, Manfred Bargfrede und Peter Wanninger.

Dem Rat der Gemeinde Wietzendorf danke ich für die Bereitstellung der Mittel für das Layout und den Druck. Ohne diese wichtige Unterstützung wäre das Projekt nicht umsetzbar gewesen.

Den Einwohnerinnen und Einwohnern der Gemeinde Wietzendorf und der Region wird erneut eine wichtige historische Darstellung zur Verfügung gestellt. Ich würde mich sehr freuen, wenn sie auf großes Interesse trifft.

Wietzendorf, im Januar 2021

Jörg Peters
Bürgermeister der Gemeinde Wietzendorf

Einleitung

Am Ortsrand von Wietzendorf in der Lüneburger Heide befand sich während des Zweiten Weltkriegs ein Kriegsgefangenenlager der Wehrmacht. Es war nur eines von vielen Lagern für die etwa zehn Millionen Soldatinnen und Soldaten feindlicher Streitkräfte, die den deutschen Truppen zwischen 1939 und 1945 in die Hände fielen. Allerdings war es kein Lager wie viele andere: Hier waren Kriegsgefangene untergebracht, bei deren Behandlung das Völkerrecht und die Genfer Konvention bewusst missachtet wurden. In Wietzendorf beging die deutsche Wehrmacht Kriegsverbrechen und Verbrechen gegen die Menschlichkeit.

Eingerichtet wurde das Mannschafts-Stammlager (Stalag) „X D (310) Wietzendorf“ im Zusammenhang mit dem deutschen Überfall auf die Sowjetunion 1941. Mehr als 50.000 sowjetische Kriegsgefangene durchliefen dieses „Russenlager“, wie es allgemein genannt wurde. Der Lagerfriedhof mit den Massengräbern von 16.000 sowjetischen Soldaten zeugt als eine der größten Kriegsgräberstätten in Deutschland von den Verbrechen der Wehrmacht an den sowjetischen Kriegsgefangenen.

Im Herbst 1943 wurden mehr als 40.000 italienische Soldaten durch das Lager geschleust und von hier aus auf Arbeitskommandos in ganz Norddeutschland verteilt. Ab Januar 1944 diente Wietzendorf als „Oflag 83“ zur Unterbringung von bis zu 5.000 italienischen Offizieren. Kurz vor Kriegsende 1945 kamen noch etwa 3.000 französische Offiziere aus vor der herannahenden Front evakuierten Lagern hinzu, und schließlich einige britische Soldaten, die bei Kämpfen in der Region in Gefangenschaft geraten waren.

1942 war Wietzendorf außerdem Durchgangslager für einige Tausend Männer, Frauen und Kinder aus der Sowjetunion, die als Zivilist_innen zur Zwangsarbeit nach Deutschland verschleppt wurden.

In einem Zeitraum von knapp vier Jahren trafen somit mehr als 100.000 Menschen in der Regel in Güter- oder Viehwaggons gepfercht am Bahnhof in Wietzendorf ein und mussten zu Fuß durch das Dorf zum Lager marschieren. Rund 80.000 Gefangene wurden von hier aus in andere Kriegsgefangenenlager im ganzen Deutschen Reich oder in Arbeitskommandos in Nordwestdeutschland geschickt. Viele kehrten krank von dort zurück.

Es herrschte daher eine ständige Fluktuation im Lager, und das Geschehen wurde von der Bevölkerung in Wietzendorf und der Region interessiert beobachtet und diskutiert.

Das Lager selbst war ein Provisorium. Die Unterkünfte waren unzureichend, die sanitären Verhältnisse katastrophal. In den Zeiten der Überfüllung des Lagers im Sommer/Herbst 1941 und im Herbst 1943 mussten Zehntausende sowjetische und italienische Soldaten unter freiem Himmel vegetieren, und im Frühjahr 1945 drängten sich 7.000 Offiziere auf engstem Raum in Baracken und Zelten.

Für die meisten derjenigen Gefangenen, die den Krieg überlebten, war der Aufenthalt in Wietzendorf eine traumatische Erfahrung, die sie ein Leben lang begleitete. Die Erinnerungen an diese Zeit sind vor allem mit Begriffen wie Entbehrung, Schmutz, Hunger, Misshandlung und Lebensgefahr verbunden. Auch für ihre Nachkommen und die Angehörigen der Opfer in den Nachfolgestaaten der ehemaligen Sowjetunion, in Italien und Frankreich ist Wietzendorf ein wichtiger Erinnerungsort.

Die Gemeinde Wietzendorf widmet sich seit langem engagiert diesem Kapitel der Ortsgeschichte. Im Heimatmuseum „Peetshof" befindet sich eine kleine Ausstellung mit Lagermodell. Am Bahnhof, auf dem alten Friedhof und am ehemaligen Lagergelände erinnern Gedenksteine und Informationstafeln an das Schicksal der Kriegsgefangenen. Ehemalige Gefangene, deren Nachkommen und Angehörige von Opfern wurden und werden herzlich empfangen und betreut. Auf dem Friedhof werden Gedenkfeiern veranstaltet und Namenstafeln für die Opfer installiert.

Was heute fast selbstverständlich erscheint, war in den ersten Nachkriegsjahrzehnten undenkbar. In den Zeiten des Kalten Krieges war eine unvoreingenommene Beschäftigung mit dem Schicksal der sowjetischen Kriegsgefangenen in deutschem Gewahrsam nicht möglich. Davon zeugt der Umgang mit dem Friedhof und dem Gedenken an die Opfer bis in die 1970er Jahre hinein. Auch das Schicksal der italienischen Militärinternierten hat erst seit den 1980er Jahren mehr Aufmerksamkeit erfahren. Dennoch liegt das Schicksal der sowjetischen Kriegsgefangenen und auch der italienischen Militärinternierten allgemein immer noch in einem „Erinnerungsschatten".

Die Quellen zur Geschichte des Lagers sind recht spärlich, und die einzelnen Phasen der Lagergeschichte sind unterschiedlich gut dokumentiert. Aus der Lagerverwaltung sind bis auf die Karteikarten der sowjetischen Gefangenen lediglich Fragmente vorhanden, so dass ein zentraler Fundus fehlt. Erinnerungsberichte ehemaliger sowjetischer Kriegsgefangener des Stalag X D (310) liegen nur in geringer Zahl vor, dazu einige Aufzeichnungen und Tagebücher von Wehrmachtangehörigen und Augenzeugen sowie Dokumente aus Behörden. Bemerkenswert sind Dutzende von Fotografien, die im Zeitraum 1941/42 von Angehörigen der Wachmannschaften und von Zivilisten angefertigt wurden und vor allem das „Erdhöhlendasein" der sowjetischen Gefangenen und die Bestattung der Toten zum Thema haben. Sie sind ein Indiz dafür, dass das Geschehen im „Russenlager" Wietzendorf als außergewöhnlich wahrgenommen wurde.

Bei der Geschichte des Oflag 83 verhält es sich beinahe umgekehrt: In vielen Publikationen haben ehemalige italienische Militärinternierte nach dem Krieg ihre Tagebücher und Erinnerungen veröffentlicht. Fotografien aus dem Zeitraum bis April 1945 sind dagegen kaum überliefert; jedoch gibt es viele Zeichnungen und Aquarelle, die von künstlerisch begabten Offizieren angefertigt wurden und den Alltag im Lager thematisieren. In den Tagen vor und nach der Befreiung des Lagers hat ein französischer Offizier Fotografien angefertigt, und die Italiener haben während der Monate ihres Wartens auf die Heimkehr Fotos und Zeichnungen produziert.

Vom Lager selbst ist heute nichts mehr übrig; allein der Friedhof der sowjetischen Kriegsgefangenen zeugt noch sichtbar von dem Geschehen. In einem Album haben sowjetische Militärs die Einweihung des sowjetischen Ehrenmals im Dezember 1945 umfassend festgehalten. Die späteren Umgestaltungen der Anlage und die Erinnerungskultur in der Nachkriegszeit sind punktuell gut dokumentiert, doch gibt es auch hier Überlieferungslücken.

Die Rekonstruktion der Geschichte des Kriegsgefangenenlagers und Erinnerungsortes Wietzendorf ist daher ein großes Puzzle, das notgedrungen weiße Flecken aufweist.

Stalag X D (310) Wietzendorf

Überfall auf die Sowjetunion

Am 22. Juni 1941 überfiel Deutschland mit einem Heer von drei Millionen Soldaten die Sowjetunion. Dieser Staat war nach der nationalsozialistischen Weltanschauung der Hort des „bolschewistischen Judentums“ und damit der „Todfeind“ Deutschlands. Mit dem so genannten „Unternehmen Barbarossa“ erreichte der Zweite Weltkrieg eine neue verbrecherische Qualität. Dieser Feldzug wurde als „Vernichtungskrieg“ geplant: Ausplünderung, Versklavung und Völkermord waren das Ziel der deutschen Politik. Der Tod von Millionen Menschen wurde dabei nicht nur in Kauf genommen, sondern war strategisches Kalkül.

Die gefangenen Soldatinnen und Soldaten der Roten Armee der Sowjetunion wurden in der Propaganda als „bolschewistische Mordbestien“ bezeichnet und als „unnütze Esser“ betrachtet. Adolf Hitler hatte am 30. März 1941 seine Generäle entsprechend instruiert: „Wir müssen vom Standpunkt des soldatischen Kameradentums abrücken. Der Kommunist ist vorher kein Kamerad und nachher kein Kamerad. Es handelt sich um einen Vernichtungskampf. [...] Wir führen nicht Krieg, um den Feind zu kon-

Sowjetunion 1941: Sowjetische Kriegsgefangene auf dem Weg in ein Durchgangslager.

Aus einem Fotoalbum des deutschen Soldaten Dr. Walter O.

Privatbesitz

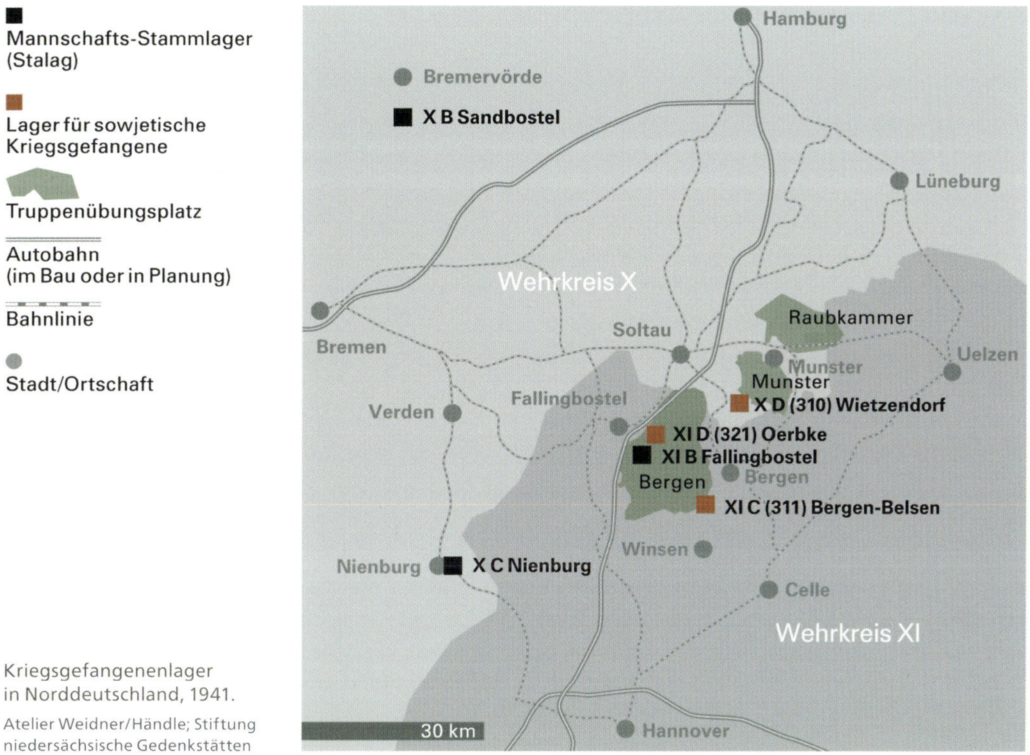

Kriegsgefangenenlager in Norddeutschland, 1941.
Atelier Weidner/Händle; Stiftung niedersächsische Gedenkstätten

servieren."[1] In der Konsequenz wurden wesentliche Bestimmungen der internationalen Genfer Konvention zur Behandlung der Kriegsgefangenen von 1929 von der NS-Führung und der Wehrmacht missachtet, was zum Tod von mehr als der Hälfte der etwa 5,7 Millionen sowjetischen Gefangenen führte.

Bei ihrem schnellen Vormarsch in den ersten Monaten nahmen die deutschen Truppen etwa drei Millionen Soldatinnen und Soldaten der Roten Armee gefangen. Bis Jahresende 1941 wurden etwa 500.000 sowjetische Kriegsgefangene nach Deutschland transportiert. Sie sollten als Arbeitskräfte in der Kriegswirtschaft eingesetzt werden. Im Reichsgebiet wurden daraufhin am Rand von Truppenübungsplätzen zwölf so genannte „Russenlager" eingerichtet, davon allein drei in der Lüneburger Heide: Bergen-Belsen, Oerbke und Wietzendorf. In allen diesen Lagern herrschten zwischen Sommer 1941 und Frühjahr 1942 ähnliche Verhältnisse.

1 Hans-Adolf Jacobsen (Hrsg.): Generaloberst Halder. Kriegstagebuch. Tägliche Aufzeichnungen des Chefs des Generalstabes des Heeres 1939 – 1942, Band II, Stuttgart 1963, S. 336.

Aufzeichnungen eines Wehrmachtoffiziers

Als der Reserveoffizier Heinz Dietrich Meyer am 21. Januar 1942 seinen Dienst im Kriegsgefangenenlager Wietzendorf antrat, notierte er in seinem Tagebuch:

„Starke Kälte. Herrliche Winterlandschaft. [...] Das Kgf. Lager liegt 1 km vor dem Dorfe. Es ist noch unfertig. Im letzten Sommer hausten die Russen in Erdlöchern. Von allen Bäumen haben sie die Rinden abgeschält und – gegessen. 12.000 sind bis heute an Flecktyphus gestorben, im Januar bisher 1800. Zur Zeit sterben jeden Tag rund 100 Gefangene, heute genau 94."

In den folgenden Tagen erfuhr Meyer Dinge, die ihm zunächst kaum glaubhaft erschienen. Was sich vor seiner Ankunft in Wietzendorf abgespielt hatte, warf bei ihm vor allem Fragen auf:

„Wie ist es zu diesem grossen Massensterben gekommen? Liess man anfangs die Russen absichtlich hungern? Wollte man die vielen Gefangenen los sein? [...] Erkannte man zu spät, dass auch Bolschewisten wertvolle Arbeitskräfte sind? Heute füttert man sie heraus, und wenn sie der Not gehorchend tagaus, tagein auch nur Steckrüben und Kartoffeln bekommen. Anfangs, als sie hier noch in Erdlöchern hausen mussten, erhielten sie überhaupt kein Fleisch. Schauerliche Dinge wurden mir erzählt, von Männern der Kompanie, die ruhigen Charakters und durchaus glaubwürdig sind. Es sollen Fälle von Kannibalismus vorgekommen sein. [...] Kommissare und politische Führer werden auf ‚Hohen Befehl' aus dem Lager herausgezogen. Sie kommen nach Oranienburg, wo sie am laufenden Band erschossen werden – so erzählt man flüsternd. Das Erschiessen soll sehr schnell vor sich gehen. Die Ausgesuchten treten unter ein Gerät, das wie ein Messgerät aussieht, und schon haben sie eine Kugel in den Hinterkopf. Ich höre solche Erzählungen altgedienter Landser, und das Vertrauen, das sie zu mir haben, freut mich, aber ich weiss nicht, was ich von alledem glauben soll. "

In den folgenden Wochen musste Oberleutnant Meyer jedoch feststellen, dass Hunger und Kannibalismus, Seuchen und Massensterben, Misshandlungen und Erschießungen in diesem Lager an der Tagesordnung waren. Wietzendorf war ein Ort des Grauens.

„Landesschütze Meyer. 1942-1945 – Aufzeichnungen von Heinz Dietrich Meyer, Oberleutnant der Reserve, Bremen": Bundesarchiv, RH 49/81.

Ankunft eines Transports am Bahnhof Wietzendorf, Sommer 1941.

Staatsarchiv Hamburg, 213-12 Staatsanwaltschaft Landgericht – Nationalsozialistische Gewaltverbrechen Nr. 0004

Einrichtung des Lagers und Zahl der Gefangenen

Im Zuge der Vorbereitungen des Überfalls auf die Sowjetunion hatte das Oberkommando der Wehrmacht (OKW) im Frühjahr 1941 angeordnet, dass im Reichsgebiet spezielle Lager zur Aufnahme der sowjetischen Kriegsgefangenen errichtet werden sollten. Für den Wehrkreis X, der das Gebiet der heutigen Bundesländer Schleswig-Holstein, Hamburg und Bremen sowie das nördliche Niedersachsen umfasste, waren zwei Kriegsgefangenen-Mannschafts-Stammlager (Stalags) für je 50.000 Gefangene auf dem Truppenübungsplatz Munster vorgesehen. Letztlich wurde jedoch nur eines davon eingerichtet: das „Stalag X D (310) Wietzendorf".

Bereits Mitte Juli 1941, drei Wochen nach Beginn des Krieges gegen die Sowjetunion, traf der erste Transport mit 2.000 Gefangenen am Bahnhof in Wietzendorf ein. Bis zum 24. Oktober erreichten knapp 45.400 Rotarmisten das Stalag X D (310), zehn Prozent aller sowjetischen Kriegsgefangenen, die bis dahin in das Reichsgebiet transportiert worden waren. Die Gefangenen gehörten den unterschiedlichsten Nationalitäten an, die auf dem Gebiet der Sowjetunion lebten. Die größten Gruppen stellten die Russen, Weißrussen und Ukrainer. Danach gab es keine Neuzugänge von der Front mehr: Da die Situation in Wietzendorf inzwischen unhaltbar geworden war, wurden die Transporte nun zum Stalag X B Sandbostel bei Bremervörde umdirigiert.

Auf dem Weg ins Lager marschieren die Gefangenen durch den Ort, Sommer 1941.

Staatsarchiv Hamburg, 213-12 Staatsanwaltschaft Landgericht – Nationalsozialistische Gewaltverbrechen Nr. 0004

Eintreffen der Gefangenen im Lager, 1941.

Staatsarchiv Hamburg, 213-12 Staatsanwaltschaft Landgericht – Nationalsozialistische Gewaltverbrechen Nr. 0004

Unmittelbar nach der Ankunft werden die Gefangenen „gefilzt". Anschließend folgen eine kurze medizinische Untersuchung und die Registrierung.

Staatsarchiv Hamburg, 213-12 Staatsanwaltschaft Landgericht – Nationalsozialistische Gewaltverbrechen Nr. 0004

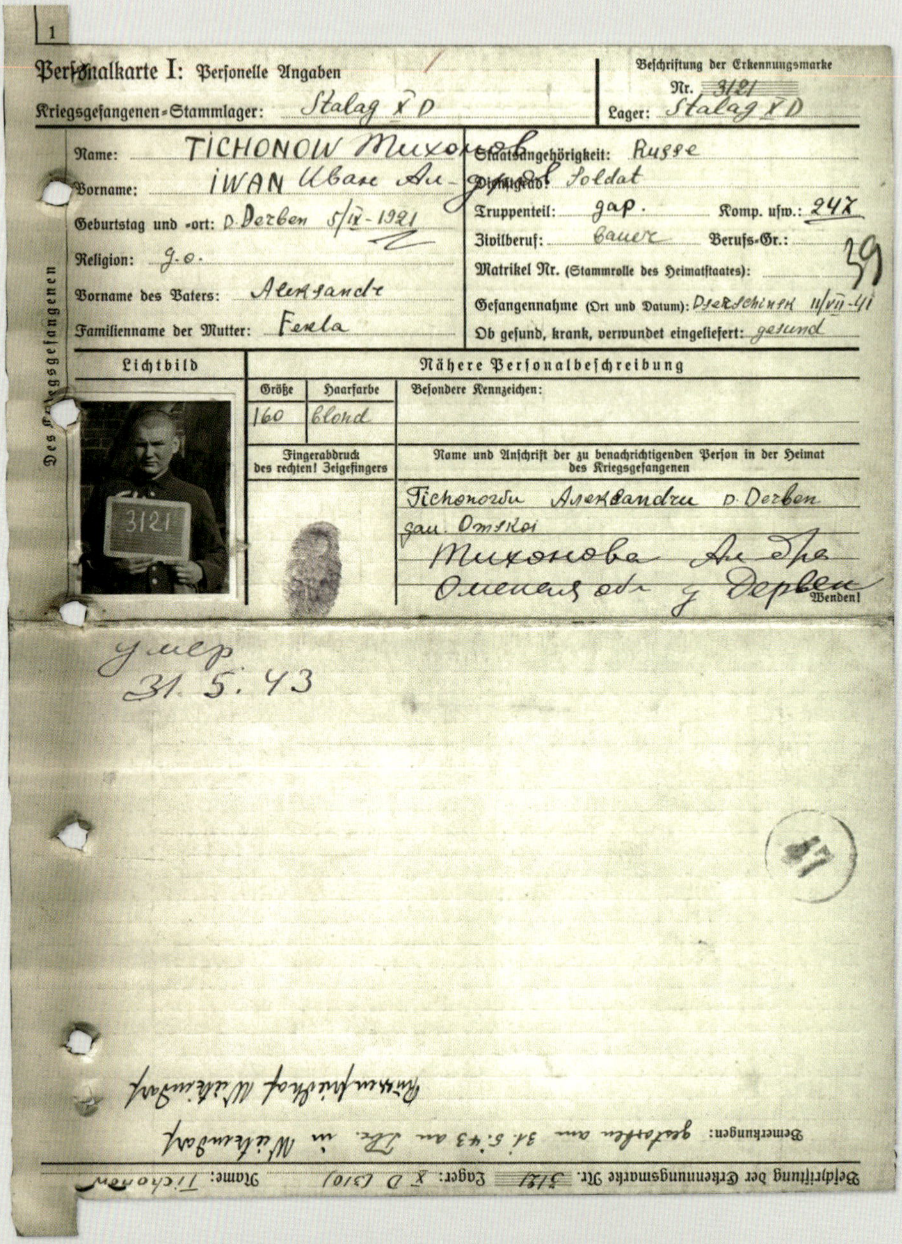

1

Personalkarte I: Personelle Angaben

Kriegsgefangenen-Stammlager: Stalag X D

Beschriftung der Erkennungsmarke Nr. 3121 Lager: Stalag X D

Name: TICHONOW

Vorname: IWAN

Geburtstag und -ort: D. Derben 5/IX-1921

Religion: g.o.

Vorname des Vaters: Aleksandr

Familienname der Mutter: Fekla

Staatsangehörigkeit: Russe

Dienstgrad: Soldat

Truppenteil: gap. Komp. usw.: 247

Zivilberuf: Bauer Berufs-Gr.: 39

Matrikel Nr. (Stammrolle des Heimatstaates):

Gefangennahme (Ort und Datum): Dsershinsk 11/VII-41

Ob gesund, krank, verwundet eingeliefert: gesund

Des Kriegsgefangenen

Lichtbild

Nähere Personalbeschreibung

Größe	Haarfarbe	Besondere Kennzeichen:
160	blond	

Fingerabdruck des rechten! Zeigefingers

Name und Anschrift der zu benachrichtigenden Person in der Heimat des Kriegsgefangenen

Tichonowa Aleksandra D. Derben gau. Omskoi

Wenden!

умер 31. 5. 43

Bemerkungen: gestorben am 31.5.43 im Laz. in Wietzendorf

Russenfriedhof Wietzendorf

Beschriftung der Erkennungsmarke Nr. 3121 Lager: X D (310) Name: Tichonow

Auf der „Personalkarte I" wurden bei der Registrierung im Lager die persönlichen Daten der Gefangenen notiert und später fortlaufend Eintragungen z. B. über den Einsatz in Arbeitskommandos, Versetzungen in andere Lager und Lazarettaufenthalte vorgenommen.

Das Beispiel dokumentiert das Schicksal von Iwan Tichonow, der am 2. Juli 1941 im Alter von 19 Jahren in Gefangenschaft geriet und im Juni 1943 als eines der letzten Opfer auf dem „Russenfriedhof Wietzendorf" beerdigt wurde.

Iwan Tichonow traf mit dem zweiten Gefangenentransport am 15. Juli im Stalag X D Wietzendorf ein und wurde mit der Nummer 3121 registriert. Am 16. September kam er in das Arbeitskommando 100 in Klein Lessen bei Sulingen. Gleichzeitig mit der Übernahme dieses Arbeitskommandos durch das Stalag X C Nienburg wurde Iwan Tichonow am 1. Dezember 1941 dorthin „versetzt".

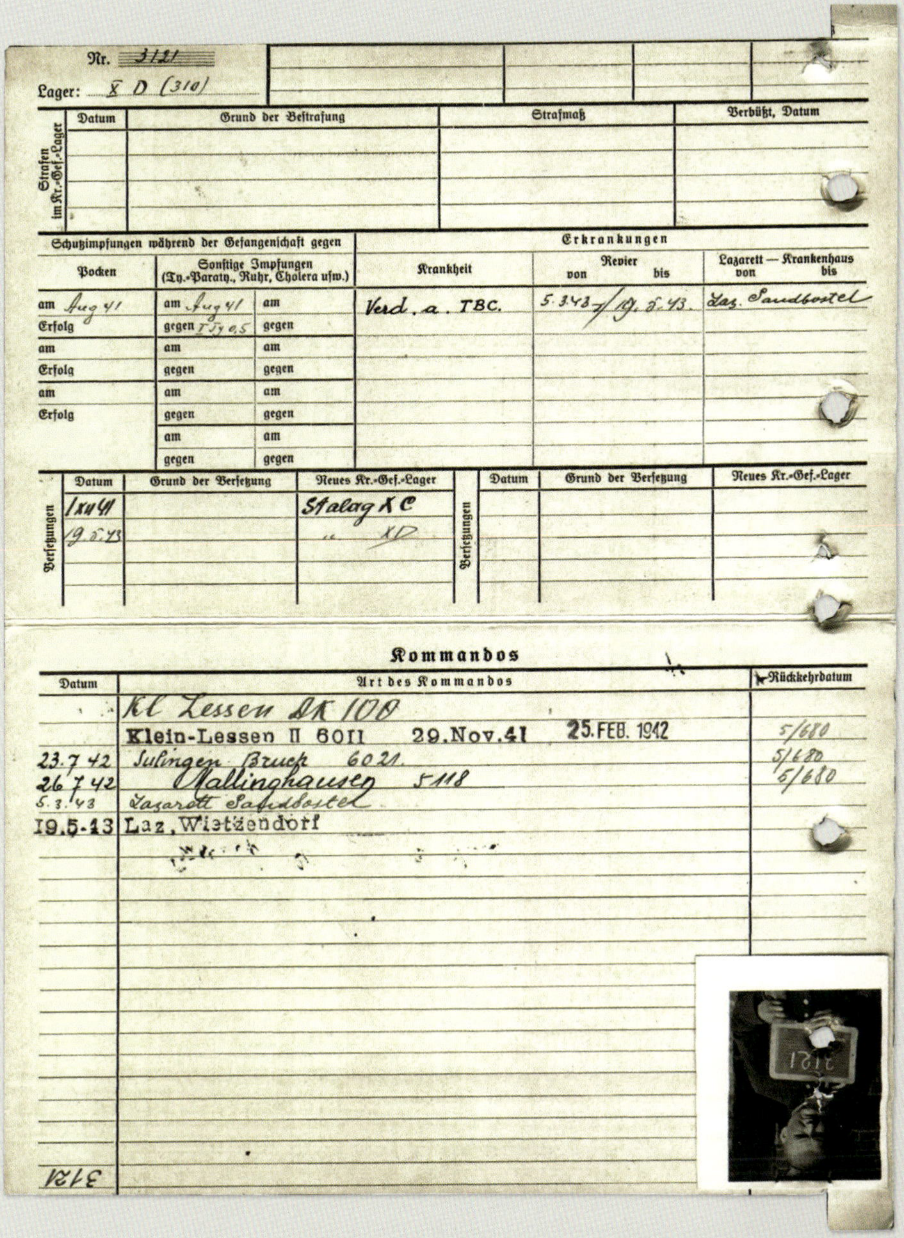

Nr. 3121

Lager: X D (310)

Strafen im Kr.-Gef.-Lager: Datum	Grund der Bestrafung	Strafmaß	Verbüßt, Datum

Schutzimpfungen während der Gefangenschaft gegen: Pocken	Sonstige Impfungen (Ty.-Paraty., Ruhr, Cholera usw.)		Erkrankungen: Krankheit	Revier von – bis	Lazarett — Krankenhaus von – bis
am Aug 41	am Aug 41	am	Verd. a. TBC.	5.3.43 / 19.5.43	Laz. Sandbostel
Erfolg	gegen T. Ty. 0,5	gegen			
am	am	am			
Erfolg	gegen	gegen			
am	am	am			
Erfolg	gegen	gegen			
	am	am			
	gegen	gegen			

Versetzungen: Datum	Grund der Versetzung	Neues Kr.-Gef.-Lager	Versetzungen: Datum	Grund der Versetzung	Neues Kr.-Gef.-Lager
1.X.41		Stalag X C			
19.5.43		" X D			

Kommandos

Datum	Art des Kommandos	Rückkehrdatum
	Kl. Lessen AK 100	
	Klein-Lessen II 6011 29.Nov.41 25.FEB.1942	5/680
23.7.42	Sulingen Bruch 6021.	5/680
26.7.42	Wallinghausen 5118	5/680
5.3.43	Lazarett Sandbostel	
19.5.43	Laz. Wietzendorf	

3121

Nach dem Einsatz in zwei weiteren Arbeitskommandos in der Umgebung von Sulingen wurde er am 5. März 1943 mit Verdacht auf Tuberkulose (TBC) in das Lazarett des Stalag X B Sandbostel eingeliefert. Da er offenbar unheilbar krank war, erfolgte am 19. Mai wie in solchen Fällen üblich die Verlegung in das Lazarett in Wietzendorf, wo er am 31. Mai starb.

Das Lichtbild wurde nicht in Wietzendorf, sondern im Arbeitskommando Klein Lessen angefertigt. Im Hintergrund ist das Fachwerk der Scheune erkennbar, in der die Gefangenen untergebracht waren (siehe Foto S. 34).

Die Eintragungen in kyrillischen Buchstaben sind Übertragungen der Informationen, die nach dem Krieg bei der Auswertung des Dokuments durch sowjetische Stellen vorgenommen wurden.

Zentralarchiv des Verteidigungsministeriums der Russischen Föderation, Podolsk

Blick vom Wachturm auf das Lager, Spätsommer 1941.

Aus der Sammlung des deutschen Offiziers Heinz Dietrich Meyer.

Privatbesitz

Die meisten Gefangenen blieben nur kurze Zeit in Wietzendorf. Rund 23.000 Männer wurden bald nach ihrer Ankunft auf Arbeitskommandos im gesamten Bereich des Wehrkreises X verteilt; Tausende kehrten später allerdings als arbeitsunfähig infolge von Krankheit und Erschöpfung wieder nach Wietzendorf zurück. Etwa 12.000 Gefangene wurden in andere Stalags weitergeschickt: II A Neubrandenburg und II E Schwerin in Mecklenburg, IX A Ziegenhain in Hessen, XIII C Hammelburg in Franken, XVII A Kaisersteinbruch und XVII B Krems-Gneixendorf in der „Ostmark“ (Österreich). Weitere 3.000 Gefangene wurden für die „SS-Kriegsgefangenen-Arbeitslager“ in den Konzentrationslagern Neuengamme und Buchenwald abgestellt, und 2.000 Rotarmisten, in der Mehrzahl Juden, wurden von einem Einsatzkommando der Gestapo in Wietzendorf „ausgesondert“ und in den Konzentrationslagern Neuengamme und Sachsenhausen ermordet.

Vegetieren in Erdhöhlen und Laubhütten

Im August 1941 befanden sich bis zu 25.000 Gefangene gleichzeitig im Lager. Der Aufbau des Lagers hielt mit dem schnellen Anstieg der Gefangenenzahl nicht Schritt. Die Pläne sahen die Errichtung von 64 gemauerten Wohnbaracken vor. Bis Jahresbeginn 1942 waren jedoch erst 13 davon im Rohbau fertiggestellt.

Beim Eintreffen der ersten Transporte waren im Hauptlager Zäune und Wachtürme vorhanden, jedoch keine festen Unterkünfte für die Gefangenen. Das Areal war in 16 Sektoren aufgeteilt, von denen zwölf nach und nach mit jeweils etwa 3.000 Gefangenen belegt wurden. Hier gab es als einzige Gebäude zunächst lediglich provisorische Küchen. Für die Notdurft standen offene Latrinengräben zur Verfügung. Außerdem gab es im Vorlager zwei Areale mit Holzbaracken, in denen die Aufnahmeabteilung und ein Lazarett eingerichtet waren.

Zum Schutz vor der Witterung gruben sich die Gefangenen notgedrungen Erdhöhlen oder errichteten Hütten aus Ästen, Zweigen, Planen und Plaggen. Alexej Lysenko erinnerte sich an seine Ankunft in Wietzendorf im Oktober 1941: „Auf dem Territorium des Lagers gab es keine überdachten Plätze, keine Baracken, keine Zelte. Aber es gab viele dicke Baumstümpfe. Unter diesen Baumstümpfen hatten unsere Vorgänger Höhlen ausgegraben, um sich zu schützen. Die Höhlen waren recht groß, fünf bis sechs Personen fanden darin Platz. In die Höhle hinein führte ein schmaler Gang, den man mit Lumpen oder Brettern schließen konnte. Innen stand fast immer eine 10 cm tiefe Wasserpfütze, aber dennoch war es in der Höhle angenehmer und wärmer als ‚oben', wo der Wind pfiff und der Regen peitschte."[2]

Bis in den Spätherbst blieben diese Notbehausungen für einen Großteil der Gefangenen in Wietzendorf der einzige Schutz vor der Witterung. Nur wer im Lager oder in der näheren Umgebung zur Arbeit eingesetzt war, kam in einer der Baracken unter. Diese hatten jedoch, wie Michal Dorniak berichtete, „weder Fenster noch Türen. Sie waren nicht verputzt, und der Wind pfiff durch sämtliche Löcher."[3] Die Betten bestanden aus dreistöckigen Holzpritschen, Matratzen gab es nicht.

---

2 Schreiben von Alexej Lysenko, 27.2.1992; Stiftung niedersächsische Gedenkstätten/Dokumentationsstelle Celle.

3 Michal Dorniak: Meine Erinnerungen (1914-1994), Langwege 1994, S. 111.

Wietzendorf, 1941.

Aus der Sammlung des deutschen Soldaten Johannes Rhine.

Stiftung niedersächsische Gedenkstätten/Dokumentationsstelle Celle

„Erdhöhlendasein" im Spätsommer 1941.

Aus der Sammlung eines unbekannten Wehrmachtsoldaten.

Privatbesitz

Aus der Sammlung eines unbekannten Wehrmachtsoldaten.

Privatbesitz

Entlausung

Eine große Plage waren die Kleiderläuse, von denen alle Gefangenen befallen waren. Die Läuse waren jedoch nicht nur lästig; sie übertrugen auch das gefürchtete Fleckfieber, eine schwere Infektionskrankheit, die oft auch mit den Begriffen Fleck-, Hunger- oder Lagertyphus bezeichnet wurde. Eine „Entlausungsanlage" gehörte daher zur Grundausstattung von Kriegsgefangenenlagern. Anfangs erfolgte die Entlausung in Wietzendorf allerdings monatelang nur unregelmäßig und provisorisch mit den mobilen Anlagen eines „Entseuchungszuges" des Wehrkreises X. Dieser bestand aus mehreren fahrbaren tonnenförmigen Heizkesseln, in denen die Kleidung zur Tötung der Läuse erhitzt wurde, während

Behelfsmäßige Entlausung: In mobilen Kesseln wird die Kleidung der Gefangenen erhitzt, um die Läuse abzutöten.

Aus der Sammlung des deutschen Offiziers Heinz Dietrich Meyer.

Privatbesitz

Provisorische Waschgelegenheiten im Freien.

Aus einem Fotoalbum des deutschen Soldaten Ludolf M.

Gedenkstätte Lager Sandbostel

die Gefangenen sich unter freiem Himmel an großen Holzbassins die Läuse mit kaltem Wasser und etwas Seife vom Leib spülen mussten. Derart unzureichende Maßnahmen konnten nicht verhindern, dass sich die Läuse weiter ausbreiteten. Die beiden neu errichteten Entlausungsgebäude in Wietzendorf waren erst im November 1941 fertiggestellt.

Hungerrationen

Laut Genfer Konvention mussten die Verpflegungssätze der Gefangenen denen der Ersatztruppen der Gewahrsamsmacht entsprechen. Die für die sowjetischen Kriegsgefangenen festgelegten Rationen lagen jedoch erheblich darunter. Grundsätzlich sollten sie nur die notwendigste Verpflegung erhalten, um die

Unter den Gefangenen rekrutierte „Hilfspolizisten" sollen für die Disziplin im Lager sorgen. Mit Lederriemen bewaffnete Hilfspolizisten überwachen hier die Essensausgabe.

Aus der Sammlung des deutschen Offiziers Heinz Dietrich Meyer.

Privatbesitz

Die tägliche Suppe wird in großen Kesseln durch den Zaun ausgeteilt.

Aus der Sammlung des deutschen Soldaten Johannes Rhine.

Stiftung niedersächsische Gedenkstätten/Dokumentationsstelle Celle

Zehn Gefangene müssen sich ein Brot teilen.

Kreisarchiv Heidekreis, Bad Fallingbostel, B1

deutsche Ernährungsbilanz so wenig wie möglich zu belasten. Ziel der NS-Führung war generell, durch die Ausbeutung der besetzten sowjetischen Gebiete die Versorgung der deutschen Bevölkerung zu sichern, wobei ein Massensterben der sowjetischen Zivilbevölkerung und der Kriegsgefangenen bewusst in Kauf genommen wurde.

Die Verpflegung bestand zum größten Teil aus Kartoffeln, Rüben, Kohl und Brot. Als warme Mahlzeit gab es zumeist eine dünne Steckrübensuppe, von den Gefangenen „Balanda" genannt. Selbst die Verpflegung der Gefangenen im Arbeitseinsatz betrug nominell täglich lediglich 2.200 Kalorien – zu wenig, um unter den herrschenden Bedingungen auf Dauer zu überleben. Diese ohnehin minimalen Rationssätze wurden in der Realität zumeist nicht annähernd erreicht. Die Gefangenen litten unter ständigem Hunger. In ihrer Verzweiflung verzehrten sie alles Essbare, dessen sie habhaft werden konnten. Michal Dorniak erinnerte sich: „Die Kriegsgefangenen haben den Lagerboden um ca. 40 cm tief durchgewühlt und alle Wurzeln und Würmer verspeist. Schließlich fingen sie an, die Rinde von den Bäumen zu entfernen und zu essen. Auch die Nadeln an den Zweigen wurden nicht verschont. Es war so, dass nichts mehr blieb, weder oben auf den Bäumen, noch unten am Boden, noch im Boden."[4]

Aussonderungen

Die NS-Führung sah in den ins Reichsgebiet transportierten sowjetischen Kriegsgefangenen ein Sicherheitsproblem. Zwar hatte die Wehrmacht mit dem „Kommissarbefehl" die Erschießung der Politoffiziere in der Roten Armee sofort nach der Gefangennahme angeordnet, doch vermutete das Reichssicherheitshauptamt (RSHA) weitere gefährliche und „untragbare Elemente" unter den Gefangenen. Mit den „Einsatzbefehlen" Nr. 8 und 9 ordnete der Chef der Sicherheitspolizei und des Sicherheitsdienstes, Reinhard Heydrich, daher im Juli 1941 die „Säuberung" der Kriegsgefangenenlager durch Einsatzkommandos der Gestapo an. Ausgesondert werden sollten vor allem Polit-Kommissare, „Aufwiegler und fanatische Kommunisten", Partei- und Staatsfunktionäre sowie „alle Juden".[5]

Das OKW verpflichtete die Kommandanten der Kriegsgefangenenlager zu engster Zusammenarbeit mit der Gestapo und machte deutlich, dass hier andere Maßstäbe als üblich anzulegen waren: „Die Wehrmacht muss sich umgehend von all denjenigen Elementen unter den Kr. Gef. befreien, die als bolschewistische Triebkräfte anzusehen sind. [...] Während den bisherigen Vorschriften und Befehlen des Kriegsgefangenenwesens ausschließlich militärische Überlegungen zu Grunde lagen, muss nunmehr der politische Zweck erreicht werden, das Deutsche Volk vor bolschewistischen Hetzern zu schützen."[6]

Die von der Gestapo als „untragbar" identifizierten Personen

4 Dorniak: Meine Erinnerungen, S. 110 f.

5 Bundesarchiv, R 58/272.

6 Anlage 1 zum Einsatzbefehl Nr. 8: ebd.

Ein Hilfspolizist führt einen Gefangenen ab.

Aus der Sammlung des deutschen Offiziers Heinz Dietrich Meyer.

Privatbesitz

wurden aus der Kriegsgefangenschaft entlassen und in ein Konzentrationslager transportiert, wo unmittelbar nach der Ankunft ihre Exekution durch die SS erfolgte. Die Gesamtzahl der bis Mitte 1942 im Reichsgebiet ausgesonderten und ermordeten sowjetischen Kriegsgefangenen beträgt mindestens 33.000.

Am 27. Juli 1941 traf ein vierköpfiges Einsatzkommando unter der Leitung des SS-Untersturmführers Walter Meyer aus der für den Regierungsbezirk Lüneburg zuständigen Gestapo-Leitstelle Hamburg in Wietzendorf ein. Zur Ermittlung von Verdächtigen bediente sich die Gestapo auch der Hilfe von Informanten unter den Gefangenen, die für ihre Spitzeldienste zusätzliche Verpflegung erhielten. Als Büro und Vernehmungszimmer stellte die Kommandantur einen Raum in der Baracke der Abwehrabteilung im Vorlager zur Verfügung. In der Nähe der Lazarettbaracken wurde ein besonderes Areal eingerichtet, das mit doppeltem Stacheldraht gesichert war. Dieses „Sonderlager" bestand aus Erdbunkern. Hier wurden die Ausgesonderten bis zu ihrem Abtransport untergebracht.

Die Wehrmachtsoldaten in Wietzendorf wussten, dass die ausgesonderten Gefangenen ermordet wurden. Die Gestapobeamten gaben auf Nachfrage eindeutige Auskünfte. Obwohl beiden Seiten „einvernehmliche Zusammenarbeit" befohlen worden war, gab es Konflikte zwischen dem Lagerpersonal und den Mitgliedern des Einsatzkommandos. Die Abwehroffiziere des Lagers missbilligten

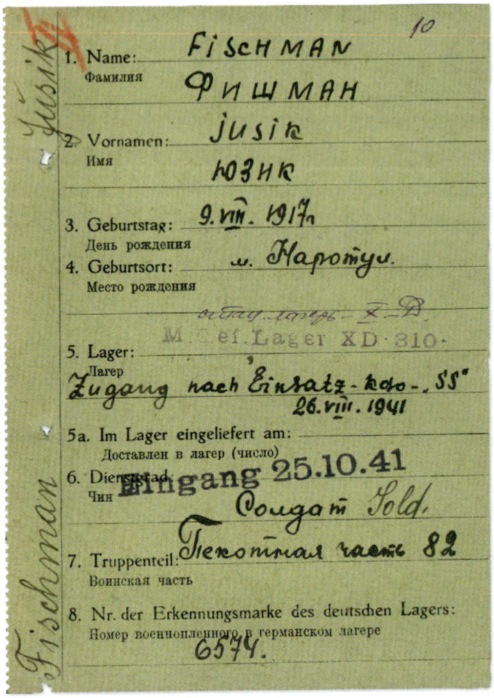
10
1. Name: FISCHMAN
Фамилия ФИШМАН
2. Vornamen: Jusik
Имя Юзик
3. Geburtstag: 9. VIII. 1917
День рождения
4. Geburtsort:
Место рождения
M.-Gef.-Lager XD-310
5. Lager:
Лагер
Zugang nach Einsatz-kdo.-SS 26.VIII.1941
5a. Im Lager eingeliefert am:
Доставлен в лагер (число)
6. Dienstgrad: Eingang 25.10.41
Чин Солдат Sold.
7. Truppenteil: Пехотная часть 82
Воинская часть
8. Nr. der Erkennungsmarke des deutschen Lagers:
Номер военнопленного в германском лагере
6574.
Jusik Fischman

„Grüne Karteikarte" des Kriegsgefangenen Jusik Fischman. Mit solchen Vordrucken wurde die Wehrmachtauskunftstelle (WASt) in Berlin über Veränderungen im Status des jeweiligen Gefangenen informiert, etwa bei der Versetzung in ein anderes Stalag. In diesem Fall unterrichtete das Stalag X D Wietzendorf die WASt darüber, dass Jusik Fischmann am 26. August 1941 dem Einsatzkommando der Gestapo Hamburg ausgeliefert wurde. Unmittelbar darauf wurde Jusik Fischman mit der ersten Gruppe von Ausgesonderten in das KZ Neuengamme deportiert und dort erschossen. Da es im KZ Neuengamme noch kein Krematorium gab, wurde er am 28. August 1941 auf dem Friedhof Hamburg-Ohlsdorf bestattet.

Die Stempelung „Eingang 25.10.41" erfolgte nach Eintreffen der Karte in der WASt.

KGB Belarus, Archiv Gomel

die Art und Weise, in der die „Ermittlungen" der Gestapo stattfanden, den Vernehmungsstil von Meyer und die scheinbare Willkür der Aussonderungen. Die Gestapobeamten gingen brutal mit den Gefangenen um, das Brüllen der Vernehmenden und die Schreie der Verhörten waren außerhalb der Baracke zu hören. Auch der Abtransport der Ausgesonderten blieb nicht unbemerkt: „Wir sahen, daß die ausgesonderten russ. Kriegsgefangenen aus dem Extra-Lager in der Nähe der Lazarett-Baracken angetreten waren. Wir gingen dorthin und ich sah einen russ. KG. am Boden liegen. Er war geschlagen worden und blutete aus dem Mund. Die angetretenen KG. hatten ihre Leibriemen abgeben müssen und mußten ihre Hosen mit den Händen festhalten. Wenn ich mich recht erinnere, hatten die Gefangenen auch kein Schuhzeug an."[7] Anschließend wurde die Gruppe im Laufschritt durch das Dorf zum Bahnhof getrieben.

Ziel des ersten Transports mit ausgesonderten Gefangenen war das KZ Neuengamme. Am 28. und 29. August 1941 wurden auf dem Friedhof Hamburg-Ohlsdorf insgesamt 48 aus dem KZ Neuen-

7 Aussage Friedrich S., Ordonnanz in der Abwehrabteilung, 20.2.1967: Staatsarchiv Hamburg, 213-12, 0004/001, Bl. 372.

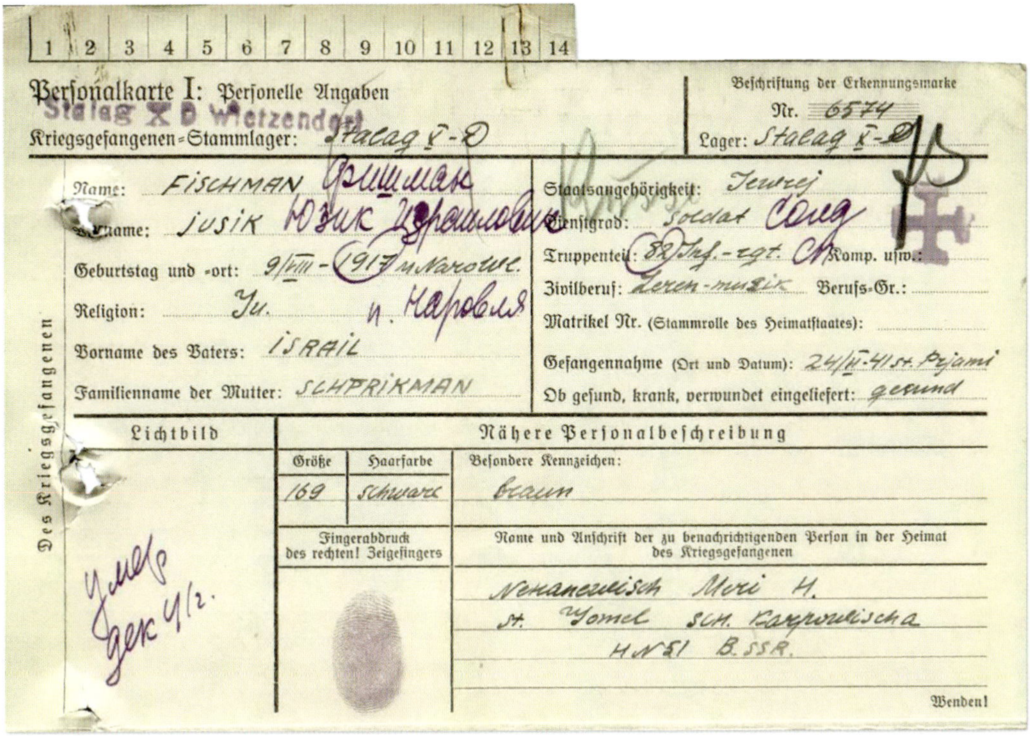

1 2 3 4 5 6 7 8 9 10 11 12 13 14

Personalkarte I: Personelle Angaben

Stalag X D Wietzendorf

Kriegsgefangenen-Stammlager: Stalag X-D

Beschriftung der Erkennungsmarke

Nr. 6574

Lager: Stalag X-D

Name: FISCHMAN Фишман

Vorname: JUSIK Юзик Израилович

Geburtstag und -ort: 9/VIII-1917 in Narowle

Religion: Ju. и. Наровля

Vorname des Vaters: ISRAIL

Familienname der Mutter: SCHPRIKMAN

Staatsangehörigkeit: Jewrej

Dienstgrad: Soldat

Truppenteil: 82 Inf.-Rgt. Komp. usw.:

Zivilberuf: Berufs-Gr.:

Matrikel Nr. (Stammrolle des Heimatstaates):

Gefangennahme (Ort und Datum): 24/VI-41

Ob gesund, krank, verwundet eingeliefert: gesund

Des Kriegsgefangenen

Lichtbild	Nähere Personalbeschreibung		
	Größe	Haarfarbe	Besondere Kennzeichen:
	169	schwarz	braun
	Fingerabdruck des rechten! Zeigefingers		Name und Anschrift der zu benachrichtigenden Person in der Heimat des Kriegsgefangenen
			Nekanewitsch Mori H. St. Gomel sch. Karpowitscha H N 51 B.SSR.

Wenden!

Ausschnitt der „Personalkarte I" von Jusik Fischmann. Bei seiner Registrierung in Wietzendorf gab er als Religionszugehörigkeit „Jude" an, ohne zu ahnen dass dies sein Todesurteil bedeutete. Da die Juden in der Sowjetunion als eigene Nationalität galten, wurde als Staatsangehörigkeit „Jewreij" (russisch für „Jude") vermerkt.

Zentralarchiv des Verteidigungsministeriums der Russischen Föderation, Podolsk

gamme eingelieferte Tote begraben, die Erkennungsmarkennummern des Stalag X D Wietzendorf trugen. Bei vielen ist im Friedhofsregister der Eintrag „Jude" zu finden.

In der Folge wurden alle Ausgesonderten in Sammeltransporten in das KZ Sachsenhausen gebracht. Dort hatte die SS eine eigens für die Mordaktion konstruierte Erschießungsstätte errichtet. Den Opfern wurde vorgetäuscht, sie müssten sich einer medizinischen Untersuchung unterziehen. Der KZ-Häftling Emil Büge war Zeuge: „Für den grausigen Akt ist ein gewöhnlicher Größenmeßapparat aufgestellt worden, bei dem das Holz, welches dem Opfer von oben auf den Kopf gesetzt wird und die Körpergröße anzeigt, auch genau den richtigen Einschlag der Kugel abgibt, die von einem SS-Mann von hinten durch einen Mauerspalt abgefeuert wird. Vorher müssen die Kriegsgefange-

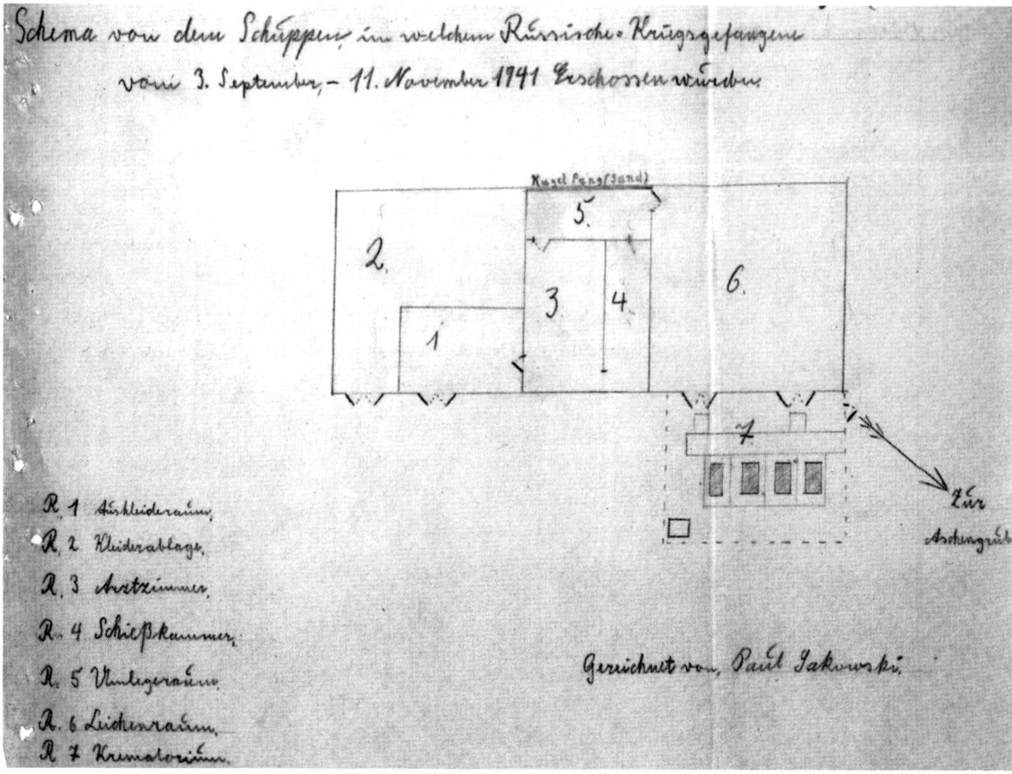

Skizze der Genickschussanlage im KZ Sachsenhausen, angefertigt von dem ehemaligen Häftling Paul Sakowski, ca. 1945/46.

Bundesdienst für Sicherheit der Russischen Föderation, Moskau

nen ihre Kleider abgeben und dann einzeln den ‚Schlachtraum' betreten, wo sie innerhalb weniger Sekunden ins Jenseits befördert werden."[8] In dieser so genannten Genickschussanlage im KZ Sachsenhausen wurden mehr als 12.000 Gefangene ermordet.

Es gelang Emil Büge gelegentlich, Einblick in die Begleitpapiere der eintreffenden Transporte zu erhalten und einige Eintragungen abzuschreiben. Nach seinen Aufzeichnungen traf die erste Gruppe aus Wietzendorf am 2. September ein. Die Morde in der Genickschussanlage hatten erst am Tag zuvor begonnen. Büge notierte „254 Sowjetsoldaten von Stalag X, alles gut aussehende, gesunde, junge Leute in gut erhaltenen Uniformen. Alle sind vollkommen ahnungslos. Die Namen von 203 von ihnen sind auf einem Schreiben aufgeführt, die restlichen 51 auf einem anderen, das mit ‚Liste 3 Stalag X in Wietzendorf' [...] überschrieben ist: ‚Die oben genannten 51 russischen Kgf. sind

8 Emil Büge: 1470 KZ-Geheimnisse. Heimliche Aufzeichnungen aus der politischen Abteilung des KZ Sachsenhausen Dezember 1939 bis April 1943, Berlin 2010, S. 244f.

auf Anordnung der Stapo Hamburg am 2.9.41 dem KZ Sachsenhausen zwecks Sonderbehandlung zuzuführen. Untersturmführer W. Meyer.'"[9]

Die genaue Zahl der Mordopfer aus Wietzendorf ist wegen der schwierigen Quellenlage nicht zu ermitteln. Emil Büge konnte fünf Transporte aus Wietzendorf mit 1.124 Gefangenen notieren. Insgesamt lassen sich elf Transporte nach Sachsenhausen belegen. Schätzungsweise wurden etwa 2.000 ausgesonderte sowjetische Kriegsgefangene aus dem Stalag X D im KZ Sachsenhausen ermordet.

Arbeitseinsatz

Die Kriegsgefangenen waren ein wichtiger Produktivfaktor für die deutsche Kriegswirtschaft. Sie ersetzten die zur Wehrmacht eingezogenen deutschen Arbeitskräfte und waren zur Aufrechterhaltung der Produktion von existentieller Bedeutung. Gemäß Genfer Konvention konnten alle gesunden Gefangenen mit Ausnahme der Offiziere zur Arbeit herangezogen werden. Sie durften jedoch nicht bei Arbeiten beschäftigt werden, für die sie nicht tauglich waren oder die in unmittelbarer Beziehung zu den Kriegshandlungen standen, etwa zur Herstellung von Waffen oder Munition. Wöchentlich war ein Ruhetag vorgeschrieben.

Im Frühjahr 1941 waren bereits 1,3 Millionen Kriegsgefangene, in erster Linie Franzosen sowie Belgier und Polen, in der deutschen Kriegswirtschaft im Einsatz. Sie waren zumeist in Unterkünften an den Einsatzorten untergebracht; verwaltungstechnisch unterstanden diese Arbeitskommandos dem für die Region zuständigen Stammlager.

Als die ersten Transporte mit sowjetischen Gefangenen in Deutschland eintrafen, waren die Bedingungen für deren Arbeitseinsatz noch nicht festgelegt. Hitler hatte zunächst bestimmt, dass im Reichsgebiet grundsätzlich keine sowjetischen Kriegsgefangenen zum Einsatz kommen sollten, musste aber bald einlenken: Auf dem Arbeitsmarkt herrschte eine angespannte Lage, es wurden dringend Arbeitskräfte gebraucht, und die Beschäftigung der sowjetischen Kriegsgefangenen stellte die einzige Möglichkeit dar, hier Abhilfe zu schaffen. Anfang

9 Büge: 1470 KZ-Geheimnisse, S. 247.

Juli 1941 wurde vom Reichsarbeitsministerium ein Bedarf von 500.000 Gefangenen festgestellt.

Am 2. August gab das OKW einen Erlass zum Arbeitseinsatz heraus, in dem es hieß: „Die Verwendung von sowj. Kriegsgefangenen innerhalb der Reichsgrenzen ist ein notwendiges Übel und daher auf ein Mindestmaß zu beschränken."[10] In erster Linie sollten sie bei der Wehrmacht beschäftigt werden, um französische Kriegsgefangene für die Landwirtschaft und Rüstungsindustrie freizumachen. Grundsätzlich sollten sie in geschlossenen Kolonnen arbeiten, um Kontakte mit Kriegsgefangenen anderer Nationen und der Zivilbevölkerung zu vermeiden. Als bald darauf die Erntezeit bevorstand, gleichzeitig mit der Nachfrage nach Rüstungsgütern der Arbeitskräftebedarf in der Industrie drastisch anstieg und Einberufungen zur Wehrmacht die Belegschaften schrumpfen ließen, wurden die sowjetischen Gefangenen ab September auch in der Rüstungsindustrie, im Braunkohlebergbau und der Landwirtschaft eingesetzt. Sicherheitsbedenken wurden nun gegenüber den Erfordernissen der Kriegswirtschaft zurückgestellt.

Das „Russenlager" Wietzendorf war für den Arbeitseinsatz der sowjetischen Gefangenen im gesamten Wehrkreis X zuständig. Ende August 1941 hatte das Stalag X D bereits 72 Arbeitskommandos, unter anderem auf den Inseln Langeoog und Fehmarn, in Hamburg, Bremen und Lüneburg. Die Einsatzbereiche der Gefangenen waren zunächst Wehrmachtstandorte, Staatsforsten, Steinbrüche, Deichbaustellen, Kultivierungsprojekte in Feuchtgebieten, Reichsbahn- oder Straßenbauvorhaben. Im Landkreis Diepholz waren zu Kultivierungsarbeiten am Dümmer und in der Hunte-Niederung in etwa zwanzig Lagern nicht weniger als 3.400 Gefangene im Einsatz. Ein weiterer Schwerpunkt war der Straßenbau für strategische Zwecke der Wehrmacht: In Oldenburg arbeiteten 280 Gefangene beim Bau einer Umgehungsstraße, in Bockhorn/Kreis Friesland 215 Gefangene an einer neuen Straßenverbindung zwischen den Orten Bockhorn und Neuenburg; in Sande und Jever wurden weitere 150 Gefangene beim Straßenbau eingesetzt. Diese Maßnahmen sollten die Verkehrsanbindung des Marinestützpunktes Wilhelmshaven und der Flugplätze bei Marx, Jever und Wittmund verbessern.

10 Bundesarchiv, RW 19/2109.

Gefangene aus Wietzendorf bei Kanalisierungsarbeiten in Sudwalde/Kreis Diepholz, 1941.

Kreisarchiv Diepholz, Archivbibliothek V 13 B

Bald wurden auch Gefangene für den Einsatz in Industriebetrieben rekrutiert. Am 22. September besuchten Vertreter der Wehrmacht und der Arbeitsverwaltung die Francke-Werke in Bremen und anschließend das Stalag X D Wietzendorf, um die Möglichkeit des Einsatzes von sowjetischen Kriegsgefangenen bei der Flakproduktion zu sondieren: „Dabei wurde festgestellt, dass sich im Lager viele Hunderte von Metallarbeitern (Dreher, Schmiede, Schlosser, Maschinenbauer, Schweisser, Elektriker usw.) befinden, deren Qualität, wie Kenner der russischen Wirtschaft zum Ausdruck brachten, recht gut ist. Die Gefangenen machen einen durchaus willigen Eindruck und drängen sich zur Arbeit, nachdem inzwischen die kommunistischen Funktionäre unter ihnen entfernt sind."[11] Um geeignete Fachkräfte zu rekrutieren, wurde empfohlen die Qualifikation der Gefangenen an Ort und Stelle zu prüfen. So erhielten die Francke-Werke die Genehmigung, im Lager Wietzendorf eine Werkstatt einzurichten, um die Fähigkeiten der Gefangenen praktisch testen zu können. Von rund 500 überprüften Gefangenen wurden schließlich 78 als geeignet befunden.

Ab Oktober wurden die sowjetischen Kriegsgefangenen als Saisonkräfte in der Landwirtschaft beschäftigt, etwa bei der Kartoffel- und Rübenernte oder in den Zuckerfabriken. Am 1. November 1941 befanden sich von den 37.289 Gefangenen des Stalag X D

11 Rüstungsinspektion des Wehrkreises X an das Wehrwirtschafts- und Rüstungsamt im OKW, 1.10.1941: Bundesarchiv, RW 19/5705.

Wietzendorf 22.760 im Arbeitseinsatz.[12] Sie waren an mehr als 200 Orten im gesamten Bereich des Wehrkreises X untergebracht. Zu den größten Arbeitskommandos zählten die Lager in Liebenau an der Weser mit 1.115, Bremen (Grambker Heerstraße) mit 600 und auf der Insel Langeoog mit 450 Gefangenen. Untergebracht waren die Gefangenen zumeist in provisorisch hergerichteten Baracken, Scheunen oder Stallgebäuden. Das Hauptaugenmerk bei der Ausstattung dieser Unterkünfte wurde auf ausreichende Sicherung mit Zaun und Stacheldraht gelegt.

Wegen der schlechten Konstitution der Gefangenen entsprach ihre Arbeitsleistung durchgehend nicht den Erwartungen. Die Männer wurden offensichtlich ohne Rücksicht auf ihre körperliche Eignung an die Einsatzorte geschickt. Die Hansestadt Bremen beispielsweise erhielt im Oktober 600 sowjetische Kriegsgefangene aus Wietzendorf, die beim Bau von Luftschutzbunkern und auf der städtischen Müllkippe eingesetzt werden sollten. Eine Woche nach deren Ankunft hielt die Bauverwaltung in einem Aktenvermerk fest: „Die körperliche Verfassung der Gefangenen war derart schlecht, dass der Einsatz vorläufig nicht erfolgen konnte. Außerdem waren die Gefangenen sehr abgerissen. Am 28.10. wurden die Kräftigsten zum Arbeitseinsatz am 29.10. ausgesucht. Einsatz insgesamt 350 Mann, so dass 250 Gefangene noch im Lager blieben." [13] Bald häuften sich die Beschwerden über die Arbeitsleistung der eingesetzten Gefangenen. Das Bauunternehmen Brüggemann stellte fest: „Die Leute sind sehr schwer zur Arbeit heranzuziehen, und zwar insofern, da sie nichts in den Knochen haben und umfallen." Es müsse ernsthaft geprüft werden, „inwieweit sich der Einsatz von Russen rentiert."[14] Das Amt für Kanalisation und Abfuhrwesen beschwerte sich, man habe arbeitsfähige Gefangene angefordert und vollkommen entkräftete Gefangene erhalten. Die auf der Müllkippe „zu leistenden Arbeiten sind durch ministerielle Anordnung als Schwerarbeit anerkannt, für die die russischen Kriegsgefangenen vollkommen unbrauchbar sind."[15] Die Todesfälle nahmen zu; bis zum 8. Dezember waren von den 600 sowjetischen Gefangenen des Lagers Grambker Heerstraße bereits 330 gestorben. Zudem war

---

12 Archiv CICR Genf, G 17/442.

13 Vermerk Senator für das Bauwesen, 30.10.1941: Staatsarchiv Bremen, 4, 29/1-1293.

14 Schreiben der Baugesellschaft Franz Brüggemann – Zweigniederlassung Bremen – an den Senator für das Bauwesen, 31.10.1941: ebd.

15 Schreiben an den Senator für das Bauwesen, 12.11.1941: ebd.

Straßenbau am Lagerzaun in Wietzendorf, Herbst 1941.
Aufnahme aus dem Nachlass Heinrich Jürs, Wietzendorf
Privatbesitz

Fleckfieber ausgebrochen. Die Stadtverwaltung beschloss daraufhin, die Überlebenden wieder nach Wietzendorf abzuschieben. Der Rücktransport fand am 13. und 14. Dezember statt. Der „Russeneinsatz" bei der Stadt Bremen hatte keine acht Wochen gedauert und war, wie in einem Tagebuchvermerk festgehalten wurde, „ein vollkommener Fehlschlag."[16]

Angemessene Verpflegung sowie bescheidene Entlohnung und eventuelle Arbeitsanreize durch Sonderzuteilungen wurden von allen Seiten als Voraussetzungen für befriedigende Leistungen der Gefangenen gesehen. Gleichzeitig erklärte das Reichsernährungsministerium jedoch, eine ausreichende Verpflegung der Gefangenen sei nicht zu gewährleisten. Eine Reduzierung der Versorgung der deutschen Bevölkerung zugunsten der sowjetischen Gefangenen wurde nicht in Erwägung gezogen. Das Ziel, die Produktion anzukurbeln, ließ sich allerdings nicht realisieren, wenn die ausgehungerten Gefangenen vor Schwäche zur Arbeit gar nicht in der Lage waren.

Zwei Transporte, die im Herbst 1941 das Lager Wietzendorf verließen, hatten nicht andere Stalags oder Arbeitskommandos zum Ziel, sondern Konzentrationslager der SS. Hintergrund waren die Pläne des Reichsführers SS Heinrich Himmler für den Aufbau einer SS-Industrie im Reich. Im September 1941 gestattete Hit-

16 Vermerk Senator für das Bauwesen, 11.12.1941: ebd.

Gefangene im Arbeitskommando Klein Lessen.
Stadtarchiv Sulingen (Wilhelm Meyer-Dinkgräfe, Dorfchronik Klein Lessen 1935–46, unveröffentlicht)

ler der SS die Übernahme von sowjetischen Kriegsgefangenen. Am 2. Oktober ordnete das OKW die Versetzung von 25.000 sowjetischen Kriegsgefangenen zum Arbeitseinsatz in den Konzentrationslagern der SS an. Zwei Wochen später überstellte das Stalag X D Wietzendorf 2.000 Gefangene an das KZ Buchenwald und 1.000 Gefangene an das KZ Neuengamme.

In Neuengamme waren für die Kriegsgefangenen zwei Baracken mit einem zusätzlichen Zaun versehen, die Fenster vernagelt und angestrichen worden. Über dem Eingangstor zu diesem Lager im Lager war ein Schild mit der Aufschrift „Kriegsgefangenen-Arbeitslager“ angebracht. In den Blocks gab es keine Betten und Decken, lediglich Strohsäcke auf dem Boden. Der Transport aus Wietzendorf war nach der Beobachtung des KZ-Häftlings Fritz Bringmann „ein langer, trauriger Zug von halb verhungerten und mangelhaft gekleideten Soldaten, von denen etliche nicht einmal mehr ihre Stiefel besaßen.“[17] Ein Gefangener war bereits auf dem Weg ins Konzentrationslager verstorben. Der Krankenstand stieg stetig an. Eine wirksame Hilfe war den Sanitätern nicht möglich, da Medikamente und Ausrüstung fehlten. Die Verpflegung der Gefangenen war noch schlechter als die der KZ-Häftlinge, so dass diese aus Solidarität Lebensmittel für die

17 Fritz Bringmann: Bericht über das Kriegsgefangenen-Arbeitslager im Konzentrationslager Neuengamme, in: Calließ, Jörg (Hrsg.): Die Verbrechen des Krieges erinnern. Erinnerungs- und Gedenkstättenarbeit für Versöhnung und Frieden, Rehburg-Loccum 1990, S. 87-101, hier: S. 90.

Gefangenen sammelten. Im Dezember traten die ersten Fälle von Fleckfieber auf, und am 31. Dezember wurde eine Quarantäne verhängt, die bis zum 31. März 1942 dauerte. Im Januar/Februar 1942 ermordete der SS-Mann Wilhelm Bahr vierzig bis fünfzig Schwerkranke durch Benzininjektionen.

Bis Ende April 1942 starben 590 der 1.000 sowjetischen Kriegsgefangenen in Neuengamme. Im KZ Buchenwald kam bis Frühjahr 1942 ein Drittel der Gefangenen aus Wietzendorf ums Leben.

Lazarett

Im Stalag X D Wietzendorf war das zentrale Lazarett für sowjetische Kriegsgefangene im Wehrkreis X eingerichtet. Kranke aus den Arbeitskommandos im gesamten Wehrkreis waren grundsätzlich nach Wietzendorf zu verlegen, wenn eine stationäre Behandlung erforderlich war. Im Lazarett gab es außer dem Chefarzt wenig deutsches Personal. Für die Krankenbehandlung waren hauptsächlich sowjetische Ärzte und Pfleger zuständig. Medikamente und medizinische Hilfsmittel standen kaum zur Verfügung, so dass den Kranken wenig geholfen werden konnte.

Mehr als 100 Gefangene aus dem Lazarett wurden als klinische Versuchsobjekte missbraucht. Dr. Heinrich Berning, Stabsarzt der Reserve und Dozent am Universitätskrankenhaus Hamburg-Eppendorf, forschte im Auftrag der Heeressanitätsinspektion über Hungerkrankheiten. Er führte ab September 1941 im Reservelazarett Hamburg-Wandsbek Untersuchungen an 56 sowjetischen Kriegsgefangenen aus Wietzendorf durch und dokumentierte die körperlichen Veränderungen durch die andauernde Mangelernährung sowie die Reaktion auf verschiedene Injektionen mit Atropin oder Adrenalin. Mindestens zwölf seiner Probanden starben während der Versuchsreihe. Sie wurden obduziert, der Zustand der inneren Organe untersucht.

Einer der Überlebenden, Nikolaij Natarov, berichtete, dass im April 1942 Wehrmachtärzte aus Hamburg im Lazarett des Lagers Wietzendorf erschienen und zwölf Gefangene für die Versuche auswählten, darunter auch ihn, der kurz zuvor wegen völliger Erschöpfung aus einem Arbeitskommando in Nordenham gekommen war. Bei der Ankunft im Reservelazarett Wandsbek im Juni erhielt Natarov die Nummer 45 und erfuhr, dass zuvor bereits eine

Blick vom Wachturm am Eingangstor auf den Lazarettbereich im Winter 1941/42.

Aus der Sammlung des deutschen Offiziers Heinz Dietrich Meyer

Privatbesitz

Testgruppe dort gewesen war. Die Gefangenen wurden auf einem Gewicht von ca. fünfzig Kilogramm gehalten; ihre Verpflegung enthielt lediglich 800 bis 1.200 Kalorien. Einmal wöchentlich wurde ihnen Blut abgenommen, regelmäßig wurden sie geröntgt. [18]

Die Versuche von Berning dauerten mindestens bis Februar 1943 an. Gleichzeitig führten zwei weitere Ärzte in Wandsbek eine parallele Versuchsreihe mit Kranken aus Wietzendorf durch; hier gab es sogar 36 Todesfälle.

Massensterben

Angesichts der unzureichenden Verpflegung und der katastrophalen Lebensbedingungen im Lager war das Auftreten von Krankheiten nur eine Frage der Zeit. Der schlechte körperliche Allgemeinzustand der Gefangenen und die haarsträubenden sanitären Verhältnisse führten bald zu Epidemien. Im Sommer 1941 grassierte in Wietzendorf die Ruhr. Ursache für das massenhafte Auftreten von Magen- und Darmkrankheiten war neben der mangelhaften Hygiene das Trinken verschmutzter Flüssigkeiten (wozu auch die tägliche Steckrübensuppe zählte), außerdem die Tatsache, dass die ausgehungerten Gefangenen alles irgendwie Essbare verschlangen, das sie erreichen konnten.

18 „Reminiscenses of 1941-1945. POW Nikolay Natarov“: Stiftung niedersächsische Gedenkstätten/Dokumentationsstelle Celle.

Im Herbst brach das Fleckfieber aus. Die Nachricht verbreitete sich schnell in der Wietzendorfer Bevölkerung. Die Furcht vor einer Ausbreitung der Seuche war groß. Dies alarmierte auch das Reichssicherheitshauptamt in Berlin: „Wie hier soeben bekannt wird, befindet sich die Bevölkerung der anliegenden Ortschaften des o. g. Kgf.-Lagers in äußerster Unruhe, da bekannt geworden ist, daß in dem Lager eine Flecktyphusepidemie ausgebrochen ist. Es sollen täglich 300–400 Russen zugrundegehen." [19]

Zu der Sorge um eine Ausbreitung der Epidemie unter der Zivilbevölkerung kam die Angst vor einer Massenpanik. Nachdem Anfang Dezember zwei Bauleiter, die das Lager Wietzendorf betreten hatten, sowie ein Wehrmachtoffizier an Fleckfieber verstorben waren, berichtete der Bürgermeister von großer Unruhe in der Bevölkerung. Eltern trauten sich nicht, ihre Kinder in die Schule zu schicken, in der Wachmannschaften aus dem Lager behelfsmäßig einquartiert waren. Der Bürgermeister argwöhnte, dass die Gefangenen die Läuse als Krankheitserreger – „vielleicht auf Befehl von Moskau" – bewusst verbreiteten, quasi als biologische Waffen: „Es sollen Russen Läuse in Schachteln gehabt haben, die sie nachher ausgestreut haben sollen."[20] Schließlich reiste der Kommandeur der Kriegsgefangenen im Wehrkreis X höchstpersönlich aus Hamburg zum Ortstermin an. Daraufhin wurden eine Quarantäne und die Sperrung des Stalag X D Wietzendorf angeordnet, die erst am 14. Februar 1942 wieder aufgehoben wurden.

Während der Quarantänezeit erreichte das Massensterben im Lager seinen Höhepunkt. Vor allem Unterernährung und nasskalte Witterung führten ab November 1941 zu einem rasanten Anstieg der Todesrate. Der Oberstarzt Dr. Konrad Lang von der Heeressanitätsinspektion besuchte – wahrscheinlich im Januar 1942 – die Stalags Alt-Drewitz, Zeithain und Wietzendorf, um sich einen Eindruck von der Lage zu verschaffen. Überall traf er die gleichen Verhältnisse an: „Trotz strengster Kälte mußten die Gefangenen in halbfertigen Baracken ohne Fenster und Türen leben. Einige wohnten sogar in Erdlöchern. Die Ernährung war völlig unzureichend, der Kaloriengehalt lag noch 40% unter

19 Schreiben an die Reichsgesundheitsführung vom 27.11.1941: Niedersächsisches Landesarchiv (NLA) - Abteilung Hannover, Hann. 180 Lbg. III, Acc. V, Nr. 118.

20 Schreiben des Bürgermeisters an den Landrat in Soltau, 5.12.1941: NLA - Abteilung Hannover, Hann. 180 Lbg. III, Acc. V, Nr. 10.

Das Lager im Herbst 1941.
Kreisarchiv Heidekreis Bad Fallingbostel, B1

dem ohnehin schon zu niedrigen Soll. Die Gefangenen litten unter Hungerödemen. Viele waren so schwach, dass sie keine 3–4 Schritte mehr gehen konnten. In den Lagern befanden sich jeweils zwischen 5.000 und 8.000 Mann. Die tägliche Todesrate betrug 200–400."[21]

Auch in den Wochen nach Ende der Fleckfieberquarantäne starben täglich noch bis zu 100 Gefangene an Hunger, Erschöpfung, Krankheiten und Kälte. Die Sterberate sank nun jedoch allmählich, vor allem wegen des drastischen Rückgangs der Gefangenenzahlen. Ein Tagebucheintrag des Offiziers Heinz Dietrich Meyer vom 19. Februar 1942 beschreibt die Situation in

21 Bericht vom 13.7.1945: Staatsarchiv Nürnberg, Dokument 383-PS.

Das Lager im Herbst 1941.
Aus der Sammlung eines unbekannten Wehrmachtsoldaten
Privatbesitz

Wietzendorf lakonisch: „Das Lager zählt noch 3.800 Gefangene. Es werden wieder einige Russenkommandos zu Aussenarbeiten eingesetzt: Schneeschaufeln, Freilegen der Strassen, Wege und Eisenbahnschienen und zum Kohlenabladen. Der Anblick der Totentransporte ist immer der gleiche, nur dass der ‚Fleischwagen' nicht mehr ganz so hoch beladen ist." [22]

Zur Zahl der Opfer liegen nur fragmentarische Unterlagen aus der Verwaltung des Stalag X D vor. Konkrete Zahlenangaben notierte der Offizier Heinz Dietrich Meyer während seiner Dienstzeit in Wietzendorf vom 20. Januar bis zum 14. März 1942. Demnach hatte es bis zu seiner Ankunft knapp 12.000 Todesfälle gegeben.

22 Aufzeichnungen Heinz Dietrich Meyer: Bundesarchiv, RH 49/81.

Am 22. Februar betrug die absolute Zahl der Todesopfer 13.262. Noch Mitte März starben bei Nachttemperaturen von minus zehn Grad bis zu zwanzig Gefangene täglich.[23] Am 12. Juli 1942 war die Zahl der Toten auf 15.031 gestiegen.[24] Damit war Wietzendorf das Lager mit der höchsten Todesrate im gesamten Reichsgebiet.

Ein großer Teil der Opfer war aus den Arbeitskommandos zurückgekommen. Fleckfieberkranke und Arbeitsunfähige wurden, wenn irgend möglich, in das Lazarett nach Wietzendorf zurückverlegt. Auf diese Weise hatte das Lager einen ständigen Zustrom an Kranken und Erschöpften. Heinz Dietrich Meyer notierte beispielsweise am 26. Januar 1942: „Heute starben 101; und 65 Kranke kamen von Arbeitskommandos zurück ins Lager – zum Sterben."[25]

Als Ursache für das Massensterben im Winter 1941/42 ist später häufig das Fleckfieber genannt worden, fiel doch die überwiegende Zahl der Sterbefälle in den Zeitraum der Fleckfieberquarantäne. Die Seuche sei unerwartet, quasi schicksalhaft hereingebrochen; die sowjetischen Gefangenen hätten den Verursacher des Fleckfiebers, die Kleiderlaus, aus ihrer Heimat selbst eingeschleppt. Die deutsche Seite trage daher keine Verantwortung für das Massensterben. Die Entlastungstendenz solcher Darstellungen ist unverkennbar.

Für die deutsche Bevölkerung war das Fleckfieber tatsächlich lebensgefährlich, für die sowjetischen Gefangenen dagegen war es weniger bedrohlich. Der Leiter des Staatlichen Gesundheitsamtes Soltau stellte im November 1941 fest, dass in Wietzendorf bisher nur eine sehr geringe Zahl von Gefangenen an Fleckfieber erkrankt war, was wahrscheinlich darauf zurückzuführen sei, dass diese weitgehend immun seien. Kurze Zeit darauf informierte das OKW über die bisherigen Erkenntnisse: „Da die sowjetischen Kr.Gef. im Laufe ihres Lebens zu einem nicht geringen Teil bereits Fleckfieber durchgemacht haben, erkranken sie im Falle einer Neuerkrankung oft nur unter atypischen, als Fleckfieber nur schwer erkennbaren Krankheitserscheinungen im Gegensatz zu Angehörigen der deutschen Bevölkerung, die

23 Ebd.

24 Sterbefallanzeige für den Gefangenen X D 22896 Pawel Krugljak, verstorben am 12.7.1942 (Zentralarchiv des Verteidigungsministeriums der Russischen Föderation, Abt. 9, Fonds A-64233, Nr. 4).

25 Aufzeichnungen Heinz Dietrich Meyer: Bundesarchiv, RH 49/81.

Leichen werden zum Sammelplatz gebracht, Herbst/Winter 1941/42.
Aus der Sammlung eines unbekannten Wehrmachtsoldaten
Privatbesitz

bisher noch nicht mit Fleckfieber in Berührung gekommen sind und bei denen das Fleckfieber meist unter schweren Krankheitserscheinungen verläuft." [26]

Das Fleckfieber allein stellte für die sowjetischen Gefangenen also keine unmittelbar lebensbedrohliche Gefahr dar. Zwar war auch in Wietzendorf ein großer Teil von ihnen vom Fleckfieber befallen, tatsächlich sind aber nur relativ wenige Todesfälle ursächlich darauf zurückzuführen. Der Regierungspräsident in Lüneburg berichtete am 8. Dezember 1941, dass in Wietzendorf bisher rund 200 Fleckfiebererkrankungen mit Todesfolge vorgekommen seien.[27] Die Gesamtzahl der Toten betrug zu dieser Zeit jedoch bereits mindestens 6.000. Das Fleckfieber war also nicht die Hauptursache des Massensterbens, zumal die Sterberate auch

26 Merkblatt „Ärztliche Maßnahmen bei Sowjet.-Kr.Gef.", 8.12.1941: NLA - Abteilung Hannover, Hann. 180 Lbg. III, Acc. V, Nr.118.

27 Ebd.

vor dem Ausbruch und nach dem Abklingen der Fleckfieberepidemie sehr hoch war. Allerdings ist nicht zu verkennen, dass die Erkrankung an Fleckfieber bei vielen Gefangenen wesentlich zur weiteren Schwächung ihrer Lebenskräfte und somit mittelbar zum Tode beitrug.

In den überlieferten Karteiunterlagen der in Wietzendorf gestorbenen Gefangenen wird als Todesursache zumeist „Inanitionszustand" angegeben, das bedeutet Abmagerung mit völliger Entkräftung und Erschöpfung infolge unzureichender Ernährung. Einen relativ großen Anteil am Massensterben hatte außerdem die Ruhr.

Kommandanten und Wachmannschaften

Die Leitung des Stalag X D bestand aus älteren Reserveoffizieren, die bereits im Ersten Weltkrieg gedient hatten. Erster Kommandant war der 68-jährige Oberstleutnant Paul Deichmann. Als dieser im Dezember 1941 von seinem Posten abberufen wurde, übernahm zunächst sein 70-jähriger Stellvertreter Major Alfred Schmittendorf die Leitung. Ab März 1942 war dann der 60-jährige Oberst Carl von Pirch Kommandant des Stalag X D.

Deichmann geriet wegen angeblich zu wohlwollenden Verhaltens gegenüber den sowjetischen Kriegsgefangenen in die Kritik von Vertretern der Nationalsozialistischen Deutschen Arbeiterpartei (NSDAP). Die NSDAP-Gauleitung Osthannover beklagte am 19. September 1941 unter anderem die Vielzahl der Fluchtversuche in Wietzendorf, die sie auf den „veralteten Kommandeur" des Lagers zurückführte, der „eine humane Behandlung der Russen anwenden will."[28] Die Reichspropagandaleitung der NSDAP berichtete Anfang Oktober 1941: „Das Sonderkommando SS, das die Aufgabe hat, Juden und Asiaten aus dem Lager herauszuziehen, findet kaum Unterstützung durch den Kommandeur des Lagers. Angehörige des mit der Bewachung beauftragten Landesschützen-Bataillons wurden, als sie versuchten mit dem Knüppel Ordnung zu schaffen, vom Kommandeur des Lagers bestraft. Das Schlagen der Gefangenen wurde streng verboten, ohne die Mannschaften darauf aufmerksam zu machen, notfalls rücksichtslos von der Waffe Gebrauch zu machen. [...] Oberstleutnant D. ist

28 Bericht der Gauleitung Osthannover der NSDAP an die Reichspropagandaleitung, 19.9.1941: Bundesarchiv, NS 18/537.

katholischer Konfession und versprach den russischen Kriegsgefangenen, die der röm.kath. Kirche angehören, für sie einen Gottesdienst einzurichten. [...] Die Bevölkerung des Kreises lebt in Angst und Schrecken, da verschiedene Brandstiftungen, Diebstähle und Plünderungen auf die entwichenen Gefangenen zurückgeführt werden müssen."[29] Nicht zuletzt aufgrund dieser massiven Kritik wurde Deichmann schließlich als Kommandant abgesetzt.

Für die Bewachung der Gefangenen waren so genannte Landesschützen zuständig – Soldaten, die infolge ihres Alters oder Gesundheitszustandes für den Fronteinsatz nicht geeignet waren. Die meisten waren zwischen vierzig und sechzig Jahre alt. Hinzu kamen jüngere Soldaten, die an der Front Verwundungen davongetragen hatten. Die Landesschützen waren in Holzbaracken im „Heidelager" am Rand des Stalag X D untergebracht.

Die Soldaten waren mit der Bewachung von Gefangenen beauftragt, die von der Führung als „bolschewistische Mordbestien" und „Untermenschen" bezeichnet wurden. Im „Merkblatt für die Bewachung sowjetischer Kriegsgefangener" hieß es: „Zum ersten Mal in diesem Kriege steht dem deutschen Soldaten ein nicht nur soldatisch, sondern auch politisch geschulter Gegner gegenüber, der im Kommunismus sein Ideal, im Nationalsozialismus seinen ärgsten Feind sieht. [...] Auch der in Gefangenschaft geratene Sowjetsoldat, mag er auch äußerlich noch so harmlos erscheinen, wird jede Gelegenheit nutzen, seinen Haß gegen alles Deutsche zu betätigen. [...] Ihnen gegenüber ist also äußerste Wachsamkeit, größte Vorsicht und schärfstes Mißtrauen dringendes Gebot. [...] Rücksichtsloses Durchgreifen bei den geringsten Anzeichen von Widersetzlichkeit und Ungehorsam! Zur Brechung von Widerstand ist von der Waffe schonungslos Gebrauch zu machen. Auf fliehende KrGef. ist sofort (ohne Anruf) zu schießen mit der festen Absicht zu treffen." [30]

Vor allem in den ersten Wochen und Monaten, als das Lager noch nicht ausreichend gesichert war, wurden viele Gefangene wegen angeblichen Widerstands oder Fluchtversuchs durch Gewehrschüsse getötet.

---

29 Schreiben der Reichspropagandaleitung der NSDAP an den Reichsminister, 2.10.1941: Bundesarchiv, NS 18/537.

30 Anlage zur Verfügung des OKW vom 8. September 1941: NLA – Abteilung Osnabrück, Dep. 50 b II, Nr. 225.

Ein Offizier mit Landesschützen im Vorlager, ca. 1942.
Aus dem Album des deutschen Soldaten Ludolf M.
Gedenkstätte Lager Sandbostel

Bis Mitte September waren etwa 100 Gefangene erfolgreich entwichen. Auf der Flucht versuchten sie unter anderem durch Bettelei und Diebstähle an Nahrungsmittel zu kommen. Die meisten wurden bald wieder gefasst, ins Lager zurückgebracht und acht oder 14 Tage in den Arrest gesperrt. Besonderes Aufsehen erregte auch in der Bevölkerung die Ermordung eines Bahnwärterehepaars an der Bahnstrecke Soltau-Uelzen durch drei Flüchtige aus einem Arbeitskommando in Munster am 9. November 1941. Einer der Gefangenen wurde am nächsten Tag in Uelzen wiederergriffen und zur Abschreckung im Lager Wietzendorf hingerichtet. Der frühere Landesschütze Anton Scholze berichtete: „Der an Händen und Füßen gefesselte Gefangene wurde im Beisein vieler Kameraden am Galgen hochgezogen und so stranguliert, wo er zur Abschreckung noch einige Tage hing."[31]

31 Schreiben Anton Scholze, 29.6.1990; Stiftung niedersächsische Gedenkstätten/Dokumentationsstelle, Celle.

Landesschützen auf dem Weg vom „Heidelager" zum Stalag X D, Februar 1942.

Manfred Bargfrede, Wietzendorf

Die Bewachungsvorschriften ließen den Landesschützen einen Ermessensspielraum, so dass das Verhalten des Einzelnen stark von seiner individuellen Einstellung bestimmt wurde. Der in der Verwaltung des Lagers eingesetzte Wehrmachtsoldat Anton Scholze schilderte die Ankunft eines Transports im Herbst 1941: „Der Anblick dieser Jammergestalten, die aus den überfüllten Viehwaggons mehr fielen als kletterten, liess darauf schließen, dass sie schon geraume Zeit größeren Strapazen ausgesetzt waren. Sie bettelten mit Gesten nach Eßbarem und Wasser. Auf dem Wege zum Lager versuchten Gefangene an Feldfrüchte heranzukommen. Auch hier gab es Kolbenstöße und Warnschüsse. Vereinzelt am Straßenrand stehende ältere Zivilisten wurden am Verteilen von Brot und Getränken durch die Begleitposten gehindert. Es gab aber auch Wachmänner, die das Verhalten ihrer Kameraden mißbilligten."[32]

32 Ebd.

Ein Wachsoldat prügelt auf Gefangene ein, Wietzendorf 1941.

Aus der Sammlung des deutschen Offiziers Heinz Dietrich Meyer

Privatbesitz

Ein Teil der Wehrmachtsoldaten verhielt sich brutal und rücksichtslos, andere versuchten das Los der Gefangenen zu mildern. Einige waren von den Zuständen offenbar derart schockiert, dass sie um Versetzung nachsuchten. Die Mehrheit der Männer scheint jedoch versucht zu haben, in dieser Extremsituation „Dienst nach Vorschrift" zu machen. Zweifel an der Richtigkeit der Gefangenenbehandlung waren durchaus vorhanden, der „Befehl von oben" war jedoch zu befolgen. Gleichgültigkeit und Zynismus waren verbreitet. Im Übrigen fühlte man sich nicht schuldig für die Zustände im Lager und gewissermaßen selbst als Opfer, insbesondere als das Lager drei Monate unter Fleckfieberquarantäne stand und die Soldaten nicht in den Heimaturlaub durften.

Die Dienstzeit im „Russenlager" Wietzendorf hinterließ bei vielen Wehrmachtsoldaten nachhaltige Spuren. Der ehemalige Landesschütze H. Erdsieck erinnerte sich im Jahr 1969: „Geblieben ist mir von der Zeit nur die Erinnerung an den Gestank der

Weihnachtsfeier in der Unterkunft der Wachmannschaften, 1941.

Aus der Sammlung des deutschen Soldaten Gerhard Friedrich Plaumann

Stiftung niedersächsische Gedenkstätten/Dokumentationsstelle Celle

verfaulten bzw. gefrorenen Steckrüben, mit denen man die Gefangenen abspeiste, an die Auspeitschungen der ausgemergelten Gestalten und an den täglichen Anblick der Totenkarren, auf denen die bis zum Skelett abgemagerten Toten, aufeinandergestapelt, jeden Morgen abgefahren wurden."[33]

Es gab auch einige wenige Wehrmachtangehörige, die sich aktiv für die Gefangenen einsetzten. Dazu gehörte Hans Christophers, ein Kommunist, der zum Hamburger Hafenwiderstand gehört hatte und bis 1939 im KZ Sachsenhausen inhaftiert gewesen war. Nachdem er erfolgreich um seine „Wehrwürdigkeit" nachgesucht hatte, war er als Landesschütze nach Wietzendorf kommandiert worden. Sofort nahm er Kontakt mit einer Gruppe von sowjetischen Gefangenen auf, besorgte während der Wochenendurlaube in Hamburg Lebensmittel, Kleidung und Medikamente. Bei Ausbruch der Fleckfieberepidemie meldete er sich freiwillig zum Dienst im Lazarett, wo er sich mit der Krankheit infizierte, an der er schließlich am 1. Januar 1942 starb.

33 Schreiben des Pastors H. Erdsieck an die Vereinigung der Verfolgten des Naziregimes (VVN), Landesvereinigung Niedersachsen, 23. Januar 1969; Kopie in der Dokumentationsstelle der Stiftung niedersächsische Gedenkstätten, Celle.

Schaulustige am Lagerzaun, 1941.

Aufnahme aus dem Nachlass Heinrich Jürs, Wietzendorf

Privatbesitz

Die Bevölkerung und das Lager

Die Bevölkerung in der Region nahm das Geschehen rund um das Lager mit Interesse zur Kenntnis. Auf dem Marsch durch das Dorf wurden die Wietzendorfer Einwohner_innen fast zwangsläufig zu Augenzeugen. Michal Dorniak, der im Juli 1941 mit dem ersten Transport eintraf, machte folgende Beobachtung: „Auf der Straße waren eine Menge Leute. Manche spuckten auf uns, manche weinten, manche haben uns sogar Brot zugeworfen."[34] Der Wehrmachtsoldat Anton Scholze erinnerte sich später: „Ich hatte mehrmals Kontakt zu Ortsbewohnern. Neugierde am Gefangenenleben und Teilnahmslosigkeit hielten sich die Waage. Nach dem Ausbruch des Fleckfiebers und der späteren Ermordung des Bahnwärterehepaares gingen sie in Furcht und Haßgefühle über. Ausschreitungen konnte ich aber nicht beobachten. Geschimpft wurde immer, auch von Erschießen war die Rede. Ansonsten überwog wohl das Mitgefühl beim Anblick der Elendsgestalten,

34 Michal Dorniak: Meine Erinnerungen, S. 107.

Die Perspektive der Schaulustigen: Blick durch den Zaun.
Aufnahme aus dem Nachlass Heinrich Jürs, Wietzendorf
Privatbesitz

insbesondere unter den älteren Leuten, die in Gesprächen an ihre Söhne in Russland und an das mögliche gleiche Schicksal dachten. Unsere Propaganda trug das ihre dazu bei."[35]

Besonders an den Wochenenden machten sich zahlreiche Schaulustige auf den Weg zum Lager. Da es zwar an der Grenze, aber nicht auf dem Gelände des Truppenübungsplatzes Munster lag, war es auf öffentlichen Wegen zu erreichen. Dies führte zu Auseinandersetzungen zwischen dem Kommandanten des Stalag X D, dem Bürgermeister von Wietzendorf, dem Landrat in Soltau und dem Regierungspräsidenten in Lüneburg. Der Kommandant beklagte sich über die Besucher am Lagerzaun und verlangte eine Sperrung der Zuwegung für die Zivilbevölkerung. Der Bürgermeister lehnte die Forderung ab. Er war der Meinung, es könne der Eindruck entstehen „als habe man etwas zu verbergen. Weiter wird der Bevölkerung wertvolles Anschauungsmaterial entzogen. Es kann nicht schaden, wenn sich die Bevölkerung

35 Schreiben Anton Scholze, 14.8.1990; Stiftung niedersächsische Gedenkstätten/Dokumentationsstelle Celle.

diese Tiere in Menschengestalt ansieht...".[36] Der Kommandant verwies daraufhin ergänzend auf die Gefahren für die Schaulustigen. Der Regierungspräsident entschied schließlich, dem Ersuchen des Lagerkommandanten stattzugeben und ordnete die Sperrung der Wege an.

Das Geschehen im Lager Wietzendorf führte mitunter zu heftigen Diskussionen in der Zivilbevölkerung. Die Region war vom Kriegsgeschehen bisher noch kaum berührt. Alliierte Luftangriffe, Lebensmittelknappheit, Todesanzeigen für Gefallene und Durchhalteparolen bestimmten noch nicht den Alltag. Mit der Einrichtung des „Russenlagers" wurde nun auch an der „Heimatfront" schlagartig erkennbar, dass der Feldzug gegen die Sowjetunion einen verbrecherischen Charakter hatte. Die Behandlung der sowjetischen Kriegsgefangenen wurde von vielen als ungeheuerlich empfunden und führte auch zu Protesten. Aus Mitleid mit den Gefangenen versuchten etliche Wietzendorfer Bürger Hilfe zu leisten, doch die Möglichkeiten waren sehr eingeschränkt.

Aufsehen erregte auch der Abtransport der Ausgesonderten. Die Geschehnisse waren nach Aussage eines Wehrmachtangehörigen „allgemeiner Gesprächsstoff in Wietzendorf, vor allen Dingen auch unter der Zivilbevölkerung. [...] Auf dem Wege zum Bahnhof soll es zu Ausschreitungen von Seiten des Begleitpersonals gekommen sein. Man sprach davon, daß KG, die nicht mehr weiter konnten, erbarmungslos zusammengeschlagen wurden, bis sie leblos liegenblieben, und zwar am Straßenrand."[37] Ein anderer Wehrmachtangehöriger erinnerte sich: „Gesprächsweise hieß es, die Bevölkerung von Wietzendorf sei über diese Behandlung empört gewesen. Daraufhin sollen Transporte in diesem Aufzug unterblieben sein."[38]

---

36 Kreisarchiv Heidekreis, Bad Fallingbostel, Acc. SOL 52.

37 Aussage Georg Heinrich Sch., 20.5.1966: Staatsarchiv Hamburg, 213-12, Bl. 199 f.

38 Aussage Herbert P., 17.3.1967: ebd., Bl. 406.

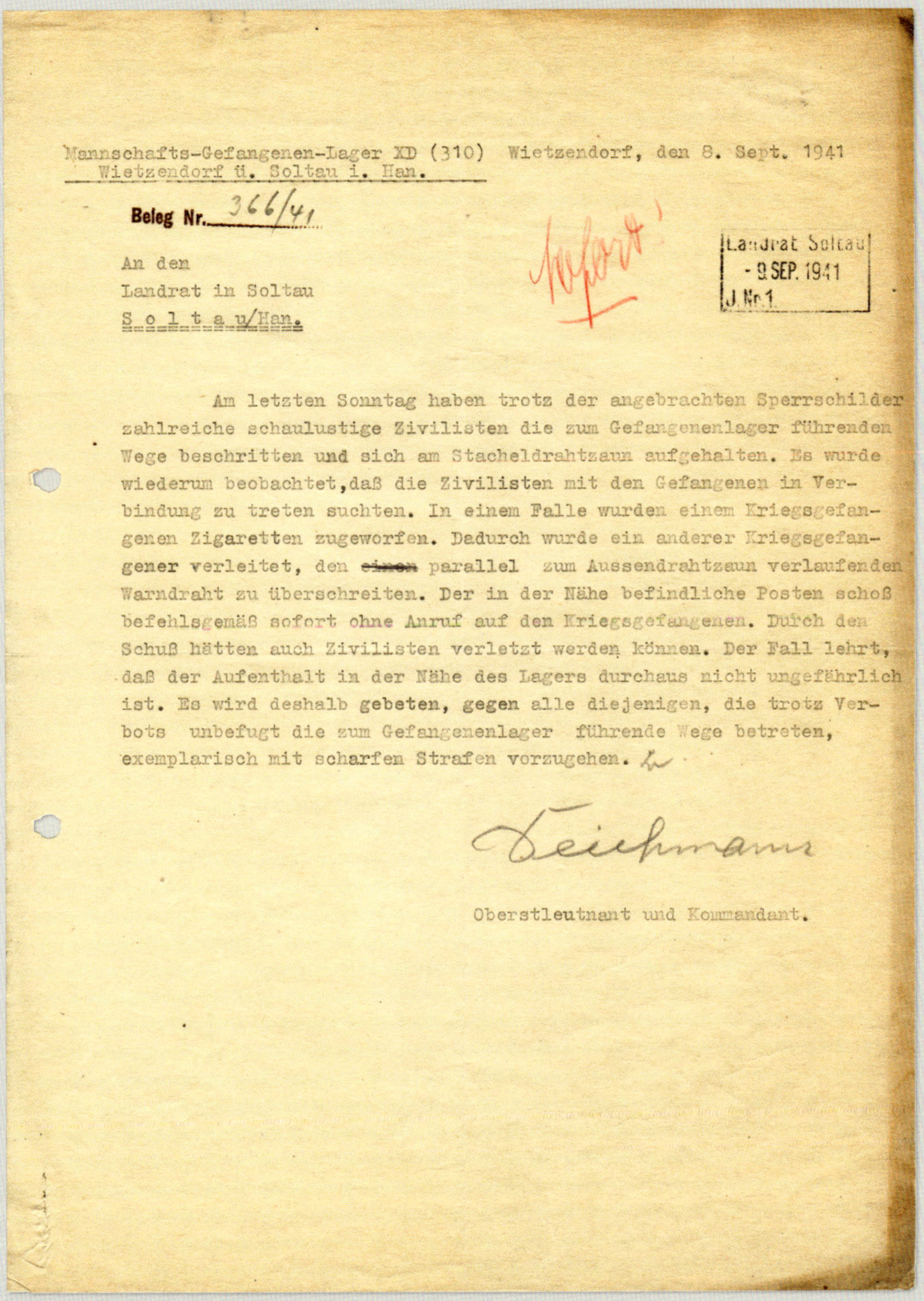

Mannschafts-Gefangenen-Lager XD (310) Wietzendorf, den 8. Sept. 1941
Wietzendorf ü. Soltau i. Han.

Beleg Nr. 366/41

Sofort!

Landrat Soltau
- 9 SEP. 1941
J. Nr. 1

An den
Landrat in Soltau
S o l t a u/Han.

Am letzten Sonntag haben trotz der angebrachten Sperrschilder zahlreiche schaulustige Zivilisten die zum Gefangenenlager führenden Wege beschritten und sich am Stacheldrahtzaun aufgehalten. Es wurde wiederum beobachtet, daß die Zivilisten mit den Gefangenen in Verbindung zu treten suchten. In einem Falle wurden einem Kriegsgefangenen Zigaretten zugeworfen. Dadurch wurde ein anderer Kriegsgefangener verleitet, den ~~einen~~ parallel zum Aussendrahtzaun verlaufenden Warndraht zu überschreiten. Der in der Nähe befindliche Posten schoß befehlsgemäß sofort ohne Anruf auf den Kriegsgefangenen. Durch den Schuß hätten auch Zivilisten verletzt werden können. Der Fall lehrt, daß der Aufenthalt in der Nähe des Lagers durchaus nicht ungefährlich ist. Es wird deshalb gebeten, gegen alle diejenigen, die trotz Verbots unbefugt die zum Gefangenenlager führende Wege betreten, exemplarisch mit scharfen Strafen vorzugehen.

Deichmann

Oberstleutnant und Kommandant.

Schreiben des Lagerkommandanten Deichmann an den Landrat in Soltau, 8.9.1941

Kreisarchiv Heidekreis Bad Fallingbostel, Acc. SOL 52

Stalag X B - Zweiglager Wietzendorf

Im Frühjahr 1942 war nur noch die Hälfte der zum Arbeitseinsatz in das Deutsche Reich transportierten sowjetischen Soldaten am Leben. Das stellte sich nun als großes Problem für die Kriegswirtschaft heraus. Der deutsche Vormarsch in der Sowjetunion war im Herbst 1941 ins Stocken geraten und der Nachschubbedarf an Soldaten, Waffen und Munition derart angestiegen, dass in der Rüstungsproduktion Hunderttausende Arbeitskräfte fehlten. Hitler hatte daher bereits am 31. Oktober 1941 den „Großeinsatz" der sowjetischen Kriegsgefangenen befohlen. Die Verpflegungssätze waren angehoben worden, Arbeitsunfähige sollten in „Aufpäppelungslagern" wieder zu Kräften gebracht werden.

Ende 1941 sah sich die NS-Führung zu der Erkenntnis genötigt, dass die Erhaltung des Lebens und damit der Arbeitskraft der sowjetischen Gefangenen für die erfolgreiche Fortführung des Krieges unabdingbar war. Am 24. Dezember gab das OKW einen Führerbefehl bekannt, der in dieser Hinsicht deutlich und aufschlussreich war: „Die Zuführung der sowjet. Kr.gef. in die Rüstungs- und Kriegswirtschaft ist für die Aufrechterhaltung der Rüstungskapazität und für die Leistungsfähigkeit unserer Kriegswirtschaft nunmehr entscheidendes Problem geworden."[39] Zu diesem Zeitpunkt waren jedoch die meisten Lager wegen Fleckfieber gesperrt, so dass keine Gefangenen mehr in den Arbeitseinsatz gelangen konnten. Gleichzeitig dezimierte das Massensterben die Zahl der Gefangenen. Erst nach Aufhebung der Lagersperre konnten Anfang März 1942 aus Wietzendorf wieder Kontingente für Arbeitskommandos abgestellt werden.

Ab dem Frühjahr 1942 besserte sich die Situation der sowjetischen Kriegsgefangenen allmählich. Am 24. März 1942 erließ das Oberkommando der Wehrmacht (OKW) eine Neufassung der Richtlinien zur Behandlung der sowjetischen Gefangenen. Darin hieß es zur Begründung: „Die Notwendigkeit vermehrten Arbeitseinsatzes sowj. Kr.Gef. macht eine neue Regelung ihrer Behandlung erforderlich."[40] Eine grundsätzliche Abkehr von dem zu Beginn des Vernichtungskrieges propagierten Grundprinzip

39 Bundesarchiv, R 3/4034.

40 Bundesarchiv, RW 6/v. 278.

erfolgte damit jedoch nicht. Die dem Erlass vorangestellten allgemeinen Bemerkungen begannen mit dem Satz: „Der Bolschewismus ist der Todfeind des national-sozialistischen Deutschland."[41] Obwohl die Gefangenen im Verlauf des Krieges als Arbeitskräfte für die Kriegswirtschaft immer wichtiger und deshalb den Sachzwängen gehorchend besser behandelt wurden, blieb ein gehöriger Teil der anfänglichen Vernichtungspolitik tägliche Praxis. Behandlung und Ernährung entsprachen weiterhin nicht annähernd derjenigen der Kriegsgefangenen aus anderen Staaten. Bis Kriegsende war die Todesrate unter den sowjetischen Gefangenen wesentlich höher.

Im November 1941 hatte das OKW den Grundsatz aufgehoben, dass die sowjetischen Kriegsgefangenen ausschließlich von den „Russenlagern" verwaltet werden sollten. Die Arbeitskommandos des Stalag X D Wietzendorf wurden daraufhin von den Stalags X A Schleswig, X B Sandbostel und X C Nienburg übernommen. Durch die Abgabe der Arbeitskommandos, den Abtransport von weiteren Gefangenenkontingenten in andere Lager sowie die vielen Todesfälle sank die Zahl der Gefangenen des Stalag X D (310) Wietzendorf schlagartig von 37.289 am 1. November auf 6.621 am 1. Dezember 1941.[42]

Ab Anfang 1942 wurden die nach Deutschland transportierten sowjetischen Gefangenen nun sofort und unmittelbar den Stalags zugewiesen, für deren Einsatzbezirk sie bestimmt waren. Die „Russenlager" hatten damit ihre Funktion als Aufnahme-, Transit- und Einsatzlager verloren. Außerdem waren sie weitgehend entvölkert; in Wietzendorf befanden sich im Mai 1942 nur noch 1.800 Gefangene. Im Verlauf des Jahres 1942 wurden die meisten „Russenlager" zu „Zweiglagern" anderer Stalags umgewandelt oder ganz aufgegeben. Im Juni 1942 erfolgte der Auflösungsbefehl für das „Stalag X D (310) Wietzendorf". Das Kommandanturpersonal wurde in die Sowjetunion verlegt und richtete dort das Stalag 310 Konotop ein. Das Lager Wietzendorf selbst wurde als Zweiglager des Stalag X B Sandbostel weitergeführt und in der Folgezeit hauptsächlich noch als Lazarett sowie als Durchgangslager genutzt. Zwischen Juli 1942 und September 1943 sind in Wietzendorf etwa 1.000 weitere sowjetische Kriegsgefangene ums Leben gekommen.

41 Ebd.

42 Zahl für den 1.11.1941: Archiv des CICR Genf, G 17/442; Zahl für den 1.12.1941: Bundesarchiv, RW 6/v. 450.

Das Gepäck von Ostarbeiter_innen wird mit einem Pferdefuhrwerk zum Lager befördert, 1942.

Aufnahme aus dem Nachlass Heinrich Jürs, Wietzendorf

Privatbesitz

1942 wurde das Lager zusätzlich zur Unterbringung von zivilen Zwangsarbeiter_innen („Ostarbeiter") genutzt, da das zentrale Durchgangslager des Landesarbeitsamtes Niedersachsen in Lehrte noch nicht fertiggestellt war. Die aus der Sowjetunion verschleppten Männer, Frauen und Kinder wurden hier registriert, entlaust und nach der üblichen Quarantänezeit zur Zwangsarbeit in die Dörfer und Städte geschickt. Nach einer Meldung des Gesundheitsamtes Soltau wurden allein in der ersten Mailhälfte 1942 etwa 2.600 sowjetische Zivilist_innen im Kriegsgefangenenlager Wietzendorf untergebracht. Die Gesamtzahl der durch das Lager geschleusten Zwangsarbeiter_innen ist nicht überliefert.

Einige kehrten nochmals nach Wietzendorf zurück: Als im Juni 1942 einer der Ostarbeiter im Lager Speckenmoor bei Munster an Fleckfieber erkrankte, wurden alle neunzig Männer des Arbeitskommandos zwecks nochmaliger Entlausung und dreiwöchiger Quarantäne nach Wietzendorf überführt.

Während des Aufenthalts in Wietzendorf erkrankte Frauen und Männer wurden im Lagerlazarett behandelt. Im Gemeindearchiv sind drei Totenscheine für verstorbene Ostarbeiterinnen überliefert. Zwei von ihnen starben im Juni 1942 an Typhus, eine im Oktober 1942 an der Ruhr. Sie wurden auf dem Friedhof an der Bahnhofstraße bestattet.

Weitere Einzelheiten über diese Episode der Lagergeschichte sind nicht bekannt.

Der Lagerfriedhof 1941–1943

Die Genfer Konvention sah für Kriegsgefangene grundsätzlich die Erdbestattung vor. Das Abkommen legte außerdem fest, dass die „verstorbenen Kriegsgefangenen in würdiger Weise bestattet, ihre Gräber mit allen nötigen Angaben versehen, geachtet und angemessen unterhalten werden."[43] Jede Grabstelle war anhand von Grabzeichen kenntlich zu machen und in Karteien und Listen zu erfassen, so dass jederzeit der Nachweis über Identität und Grablage der Toten möglich war. Jedes Stalag legte üblicherweise einen Friedhof für zunächst 1.000 Tote an. Die Beisetzung der verstorbenen Kriegsgefangenen erfolgte in einiger Entfernung zum Lager und unter Beachtung besonderer hygienischer Voraussetzungen. Dazu gehörte die ausreichende Distanz von Wasserversorgungsanlagen für öffentliche Zwecke und die Auswahl von Böden, die für die Leichenverwesung gut geeignet waren. Um diese Vorgaben zu gewährleisten, war in jedem Falle zunächst die Zustimmung des Truppenarztes oder des Gesundheitsamtes einzuholen. Im Sommer 1941, kurz nach der Ankunft der ersten sowjetischen Kriegsgefangenen, wurde in der Nähe des neu eingerichteten Stalag X D (310) Wietzendorf ein entsprechendes Areal zur Bestattung der verstorbenen Gefangenen ausgewählt und hergerichtet.

Meldung und Registrierung der Sterbefälle

Gemäß des Genfer Abkommens waren die unterzeichnenden Staaten verpflichtet, im Kriegsfall die Kriegsgefangenen zu dokumentieren. Kurz vor Beginn des Zweiten Weltkrieges war in Berlin die Wehrmachtauskunftstelle für Kriegsverluste und Kriegsgefangene (WASt) eingerichtet worden. Zu deren Aufgaben gehörte die Erfassung aller Wehrmachtsangehörigen und Kriegsgefangenen.

Für die Registrierung und Meldung der Sterbefälle von Kriegsgefangenen galten im Wehrmachtbereich allgemeine Richtlinien: Das zuständige Stammlager schickte zunächst eine „Sterbefall-

43 Abkommen über die Behandlung der Kriegsgefangenen vom 27. Juli 1929, Artikel 76, veröffentlicht in: Reichsgesetzblatt 1934, Teil II, Nr. 21, S. 249-251.

anzeige" mit allen Angaben zur Person und zur Grablage an die WASt nach Berlin. Ein Durchschlag ging an die Wehrkreisverwaltung, die außerdem eine „Verlustmeldung" erhielt. Darüber hinaus erstellten die Lagerverwaltungen „Abgangslisten", die einen Überblick über die Verstorbenen und in andere Lager Versetzten eines bestimmten Zeitraums gaben und ebenfalls nach Berlin gesandt wurden. Diese Verfahrensweisen galten auch bei Sterbefällen sowjetischer Kriegsgefangener und wurden selbst während des Massensterbens im Winter 1941/42 nicht aufgehoben. Auf der Verwaltungsebene wurde zwischen den sowjetischen Kriegsgefangenen und denen anderer Nationalität somit kein Unterschied gemacht. Allerdings verständigten sich im Winter 1941/42 das Reichsministerium des Innern (RMI), das Reichsjustizministerium (RJM), das Auswärtige Amt und das OKW darauf, wegen der hohen Zahl der Sterbefälle die vorgeschriebene Beurkundung durch die zivilen Standesämter bei den sowjetischen Kriegsgefangenen zunächst auszusetzen. Am 27. Juni 1942 wurde die WASt, deren Aufgabe es bis dahin gewesen war, die örtlich zuständigen Standesämter über die einzelnen Todesfälle zu informieren, vom OKW endgültig von der Verpflichtung entbunden,

Personalblatt für Aleksei Lupinus, geführt in der Wehrmachtauskunftstelle in Berlin. Gemeldet wurde der Sterbefall durch die Kommandantur des Stalag X D (310) Wietzendorf.

Zentralarchiv des Verteidigungsministeriums der Russischen Föderation, Podolsk

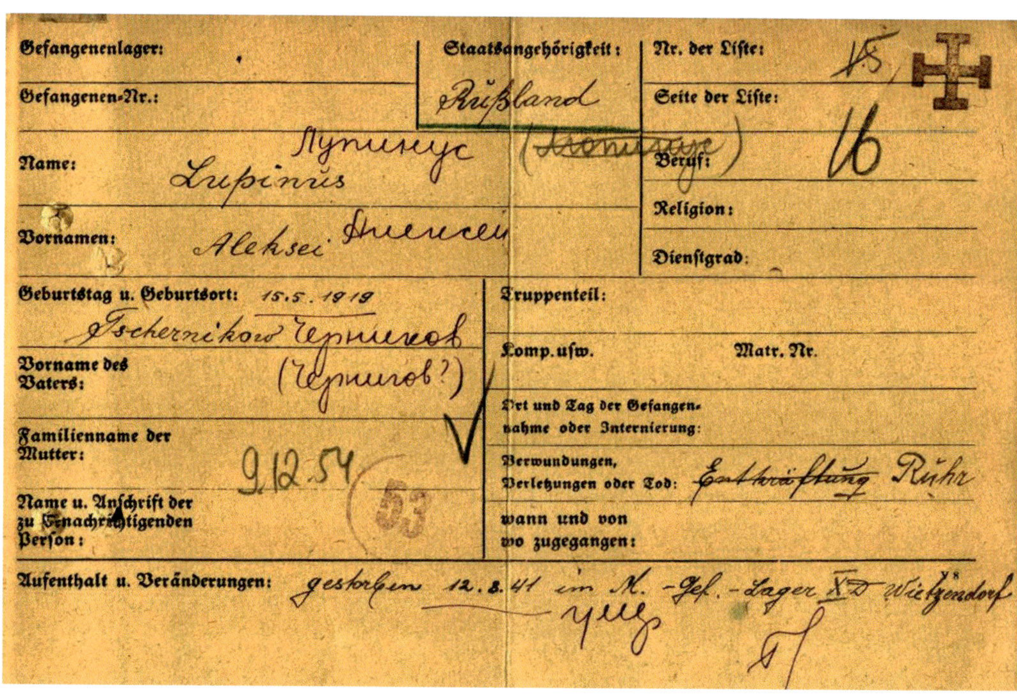

Gefangenenlager:
Gefangenen-Nr.:
Staatsangehörigkeit: Rußland
Nr. der Liste: 15
Seite der Liste: 16
Name: Lupinus Лупинус
Beruf:
Religion:
Vornamen: Aleksei
Dienstgrad:
Geburtstag u. Geburtsort: 15.5.1919 Tschernikow
Truppenteil:
Komp. usw. Matr. Nr.
Vorname des Vaters:
Ort und Tag der Gefangennahme oder Internierung:
Familienname der Mutter:
Verwundungen, Verletzungen oder Tod: Entkräftung Ruhr
Name u. Anschrift der zu benachrichtigenden Person:
wann und von wo zugegangen:
9.12.54
Aufenthalt u. Veränderungen: gestorben 12.8.41 im K.-Gef.-Lager X D Wietzendorf

eine Beurkundung bei den Standesämtern zu vermitteln.[44] Diese war insgesamt ohnehin nur sehr lückenhaft erfolgt. Für das Standesamt Wietzendorf ist keine Beurkundung von Sterbefällen sowjetischer Kriegsgefangener überliefert.

Bestattung der sowjetischen Kriegsgefangenen

Auch die Bestattung der Toten war durch einheitliche Bestimmungen des Oberkommandos der Wehrmacht geregelt. Die Regularien bezüglich der sowjetischen Kriegsgefangenen waren im Wesentlichen die gleichen wie bei allen anderen Kriegsgefangenen in deutschem Gewahrsam.

Zu Beginn des Krieges 1939 richtete das OKW einen Gräberdienst ein: „Wehrmachtgräberoffiziere" (WGO) waren für die Einhaltung der Vorgaben für die Beisetzung von Gefallenen eingesetzt. Hier galten für Kriegsgefangene die gleichen Bestimmungen wie für die Angehörigen der deutschen Wehrmacht. In der „Dienstanweisung für den Wehrmachtgräberoffizier" vom 25. Januar 1942 heißt es:

„Die Beisetzung soll in Einzelgräbern (nicht Massen- oder Kameradengräbern) und wo irgend möglich [...] in Särgen erfolgen. Lassen sich Kameradengräber nicht vermeiden, so sind die Toten in einer Reihe nebeneinander (nicht übereinander) zu betten. [...] Diese Richtlinien gelten sinngemäß für die Beisetzung der gefallenen Feinde. Es ist über sie in gleicher Weise zu melden, wie über die eigenen Gefallenen, auch muss die Beisetzung von deutscher Seite in gleicher würdiger Form und gleicher Sorgfalt durchgeführt werden (internationale Abmachung!)."[45]

Bezüglich der Pflege der Grabstätten heißt es weiter: „Grundsätzlich werden die Gräber gefallener Feinde, gleich welcher Nationalität, wie die deutschen behandelt". Im Februar 1942 stellte der Chef der Heeresrüstung und Befehlshaber des Ersatzheeres unmissverständlich fest: „Zu den zu unterhaltenden Kriegsgefangenengräbern gehören auch die der polnischen und russischen Kriegsgefangenen."[46]

Zur Gräberpflege zählte allgemein die Erhaltung der Grab-

---

44 Schreiben des Oberkommandos der Wehrmacht (OKW/Kgf) an die WASt: Bundesarchiv, RW 48/v. 12.

45 Bundesarchiv Abt. PA, B 563, Gräbernachweis, Sammelordner „Bestimmungen".

46 Ebd.

Bestattung der Toten auf dem Friedhof des Stalag X D (310) Wietzendorf im Sommer 1941.

Aus der Sammlung des deutschen Soldaten Johannes Rhine

Stiftung niedersächsische Gedenkstätten/ Dokumentationsstelle Celle

hügel, die Pflege der Anpflanzungen „in einfacher soldatischer Form, nötigenfalls ihre Erneuerung sowie Erhaltung der Grabkreuze oder etwa vorhandener Grabsteine einschl. Erneuerung der Inschriften mit Ölfarbe." Der Pflegeaufwand für die Gräber der sowjetischen Gefangenen wurde allerdings minimiert: „Im Wesentlichen handelt es sich darum, den Zustand der Kenntlichkeit der Gräber als solche zu erhalten."[47]

---

47 Ebd.

Die erste nachweisbare Bestattung auf dem Friedhof des Stalag X D (310) Wietzendorf fand am 12. August 1941 statt. Bis Ende des Monats kamen mindestens 26 Kriegsgefangene zu Tode.

Der erste Todesfall eines Gefangenen aus Wietzendorf ereignete sich allerdings bereits am 1. August; die erkrankten Kriegsgefangenen des Stalag X D (310) wurden zunächst in das Lazarett nach Bergen-Belsen überwiesen, da selbiges in Wietzendorf im Juli 1941 offenbar noch nicht in Betrieb war. Alexander Karogin, der am 26. Juli 1941 in Bergen-Belsen eingeliefert worden war, starb am 1. August 1941 und wurde vor Ort auf dem Kriegsgefangenenfriedhof bestattet. Als Erkrankung stellte der Arzt im Lazarett Bergen-Belsen Ruhr, als Todesursache aber Erschöpfung fest.

Im August 1941 wies das Oberkommando der Wehrmacht darauf hin, dass die Beisetzung der sowjetischen Kriegsgefangenen in aller Stille ohne Trauersalut zu erfolgen habe – weder deutsche noch andere Abordnungen sollten teilnehmen, auf Kränze ganz verzichtet werden. Außerdem hatte die Beteiligung eines Geistlichen „in Anbetracht der Stellung der Sowjetunion zur Kirche zu unterbleiben."[48]

Fotografien belegen, dass im Sommer 1941 trotz dieser „Sonderbestimmungen" eine durchaus würdevolle Beisetzung der im Lager Wietzendorf verstorbenen sowjetischen Kriegsgefangenen erfolgte. Jeder Tote wurde einzeln in einem Holzsarg bestattet und das jeweilige Grab mit einem orthodoxen Kreuz aus Holz gekennzeichnet. Darauf waren der Name sowie Geburts- und Sterbedatum vermerkt. Pferdefuhrwerke, gefolgt von einer Gruppe sowjetischer Kriegsgefangener, brachten die Särge zum Friedhof. Die Gefangenen gehörten zu einem „Beerdigungskommando", welches auf dem Friedhof die Gräber aushob, die Toten bestattete, die Grabhügel herrichtete und diese mit der entsprechenden Kennzeichnung versah. Auf dem Friedhof wurde an den aufgereihten Särgen eine Zeremonie durchgeführt.

Bis Oktober/November 1941 wurden etwa 400-600 Tote in Einzelgräbern beigesetzt.[49] Mit Zunahme der Todesfälle änderte sich jedoch die Bestattungspraxis. Der Offizier Heinz Dietrich Meyer schrieb in sein Tagebuch: „Zu Beginn des großen Sterbens wurden sie einzeln beigesetzt und jeder bekam einen Sarg, jedes

---

48 Bundesarchiv, RH 53-7/v. 724.

49 Nach Kriegsende ließ die sowjetische Militärmission die persönlichen Daten von den noch vorhandenen Kreuzen abschreiben, so dass auf diese Weise 297 Namen überliefert sind.

Bestattung der Toten in Massengräbern auf dem Friedhof des Stalag X D (310) Wietzendorf im Winter 1941/42.

Aus der Sammlung des deutschen Offiziers Heinz Dietrich Meyer

Privatbesitz

Grab einen Namen. [...] Als die Sterbeziffer anstieg, wurde der leere Sarg vom Friedhofe wieder mit zurückgebracht."[50] Später wurden die Toten gleich ohne Sarg zum Friedhof transportiert und die Lagerverwaltung ging dazu über, die Verstorbenen in Massengräbern zu beerdigen; zunächst fünfzig Tote pro Grab, dann 100 und mehr.

Obwohl viele Fotografien den Eindruck erwecken, dass Tausende von Opfern während des Massensterbens im Winter 1941/42 anonym und willkürlich in Massengräbern bestattet wurden, war dies nicht der Fall – auch in dieser Situation hatten die Richtlinien des OKW weiter Bestand, wie zahlreiche überlieferte Dokumente belegen. Die Wehrmacht verfügte und betonte immer wieder, dass auch bei sowjetischen Kriegsgefangenen die Kennzeichnung jeder einzelnen Grabstätte so zu erfolgen habe, dass eine Identifizierung der Beerdigten möglich sei.[51] In einem OKW-Befehl vom 24. März 1942 hieß es außerdem: „In Gemeinschaftsgräbern sind die Leichen [...] wie stets mit einer Erkennungsmarke zu versehen, sodass späterhin anhand der Kartothek, die alle Personalien enthält, festgestellt werden kann, um welche Leichen es sich handelt."[52] Die Toten wurden weiterhin registriert und die Grabstätten gekennzeichnet – von einer würdevollen Bestattung konnte ab Herbst 1941 jedoch keine Rede mehr sein. Fotos dokumentieren, wie die Leichen der sowjetischen Kriegsgefangenen auf Pferdewagen gestapelt und dann in große Gruben gekippt oder geworfen und in langen Gräbern übereinander und nebeneinander vergraben wurden. Am 27. Januar 1942 begleitete der Offizier Heinz Dietrich Meyer das „Leichenkommando" zum Friedhof und notierte in sein Tagebuch:

"Die kriegsgefangenen Grabschaufler, mit Spitzhacken und Spaten, haben Mühe, in den hartgefrorenen Boden einzudringen. Als ich neben dem offenen Massengrab wartete, kam die letzte Fuhre für heute angefahren. Wie Wolgaschiffer ihre Kähne, so zogen ungefähr 20 Gefangene den Kastenwagen, der bis obenhin mit aufeinander geschichteten nackten Leichen bepackt war. Arme und Füße hingen über den Rand. Und dann

---

50 Aufzeichnungen Heinz Dietrich Meyer, 27. Januar 1942: Bundesarchiv, RH 49/81.

51 Stadtarchiv Bielefeld, FW 196.

52 OKW-Befehl „Behandlung der sowj. Kr. Gef." vom 24. März 1942: Bundesarchiv, RW 6/v. 278.

Blick über die Einzelgrabstätten; im Hintergrund die Grabzeichen der Massengräber, 1942.

Aus der Sammlung des deutschen Offiziers Heinz Dietrich Meyer

Stiftung niedersächsische Gedenkstätten/Dokumentationsstelle Celle

das Abladen! Die steif gefrorenen Körper, ausgemergelte Gerippe, polterten von oben herab. Krachend schlug ein Kopf auf Eis und es ist ein Wunder, dass er beim Sturze dran blieb. Ein Leichnam rutschte übers Rad, kam zum Sitzen und wackelte mit dem glatt geschorenen Kopfe [...]. Der leere Wagen fuhr nach dem Abladen über den Haufen hinweg, so dass die vereisten Glieder krachten."[53]

Im Winter 1941/42 blieben die Leichname der Menschen oftmals tagelang im Lager liegen – es gab kaum noch Gefangene und ebenso wenig medizinisches Personal, das sich um die Versorgung der Lebenden oder die Bestattung der Toten kümmern konnte. Die „Beerdigungskommandos" sammelten in den einzelnen Abschnitten des Lagers die Toten ein und brachten sie zum Friedhof: pro Wagen etwa fünfzig Leichen. In seinem Tagebuch vermerkte der Offizier Meyer am 26. Januar 1942: „Tote Russen wurden an uns vorübergetragen und nackt abseits in den Schnee gelegt. Morgen werden sie vom Beerdigungskommando abge-

53 Aufzeichnungen Heinz Dietrich Meyer, 27. Januar 1942: Bundesarchiv, RH 49/81.

Im Vordergrund die Massengräber: Diese waren in Abschnitte eingeteilt und jeweils mit einem schlichten Grabzeichen versehen, darauf die Sterbefallnummern in fortlaufender Zählung. Über diese konnten in der Kartei des Lagers die persönlichen Daten der Verstorbenen ermittelt werden.

Aus der Sammlung des deutschen Soldaten Johannes Rhine

Stiftung niedersächsische Gedenkstätten/Dokumentationsstelle Celle

holt und weggekarrt."[54] Es kam auch vor, dass Gefangene in den Höhlen verschüttet wurden und darin liegen blieben.[55]

Im Januar 1942 starben im Lager täglich bis zu 300 Gefangene. Am 10. März erreichte die Zahl der Sterbefälle die laufende Nummer 14.329. Laut Augenzeugen war das letzte Grabkreuz auf den 20. Juli 1942 datiert und mit den Nummern „15.031–15.130" versehen. Weitere acht Grabhügel blieben ohne Kennzeichnung, möglicherweise eine Folge der Übernahme des Lagers und Lazaretts durch das Stalag X B Sandbostel im Juli 1942.

Bis Spätsommer 1943 wurden auf dem Kriegsgefangenenfriedhof Wietzendorf mindestens 16.000 sowjetische Kriegsgefangene bestattet. Danach wurde das Lager für die Unterbringung italienischer Militärinternierter genutzt.

---

54 Aufzeichnungen Heinz Dietrich Meyer, 26. Januar 1942: ebd..

55 Das belegen Knochenfunde aus den 1980er Jahren, als auf dem Gelände des ehemaligen Kriegsgefangenenlagers für die Erweiterung einer Gärtnerei der Boden gepflügt wurde. Darüber hinaus liegen Berichte von ehemaligen deutschen Kriegsgefangenen vor, die im Sommer 1945 dazu herangezogen wurden, sterbliche Überreste vom Lagergelände auf den Friedhof umzubetten. Darüber schrieb auch die Böhme-Zeitung in der Sonntagsbeilage Nr. 18/1995, Archiv „Heimatverein Peetshof Wietzendorf e.V." 04.05.02; Bericht Friedel Schöning, ebd. 04.05.04.

Aufnahmelager für italienische Militärinternierte

Im Herbst 1943 wurde Wietzendorf zum Durchgangslager für kriegsgefangene italienische Soldaten bzw. „italienische Militärinternierte" (IMI). Wenige Monate zuvor waren sie noch Angehörige einer verbündeten Armee gewesen, nun fanden sie sich als Zwangsarbeiter in der deutschen Kriegswirtschaft wieder.

Als im Mai 1943 den Alliierten die Landung auf Sizilien gelang, war das faschistische Regime des Diktators Benito Mussolini in Italien am Ende. Am 25. Juli wurde er von König Vittorio Emanuele III. abgesetzt und anschließend verhaftet. Der König beauftragte den Chef des Generalstabes der italienischen Streitkräfte, Generalfeldmarschall Pietro Badoglio, mit der Übernahme der Regierungsgeschäfte. Dieser erklärte am 8. September den Kriegsaustritt Italiens und schloss einen Waffenstillstand mit den Alliierten. Daraufhin marschierten deutsche Truppen in Italien ein und besetzten Rom. Mussolini wurde befreit und Chef einer Marionettenregierung für Norditalien, der „Repubblica Sociale Italiana" (RSI) mit Sitz in Saló am Gardasee. Tatsächlich aber wurde dieser Versallenstaat von Hitlers Führerhauptquartier aus regiert.

Die kriegsmüden italienischen Verbände ließen sich zumeist ohne Widerstand entwaffnen. Mehr als 600.000 Soldaten gerieten auf dem italienischen Festland in deutsche Hand. Sie bekamen den lange aufgestauten Hass und die rassistischen Ressentiments der deutschen Soldaten zu spüren. Die oft als „Badoglio-Schweine" bezeichneten Gefangenen bekamen jetzt die Quittung für den vermeintlichen Verrat, für den sie freilich persönlich gar nicht verantwortlich waren. Misshandlungen waren an der Tagesordnung, und häufig wurden Soldaten, die sich nicht sofort ergaben oder mit der Waffe in der Hand ergriffen wurden, von deutschen Einheiten ermordet.

Die italienischen Truppen in Griechenland und auf dem Balkan leisteten dagegen häufiger Widerstand. Auf der Insel Kephalonia wehrte sich die „Division Acqui" zehn Tage lang gegen die Entwaffnung, woraufhin Hitler befahl, dort keine Gefangenen zu machen. Nach der Kapitulation wurden etwa 4.000 Italiener von Wehrmachtsoldaten regelrecht hingerichtet. Aufgrund solcher

Zwischenstopp auf dem Weg nach Deutschland, September 1943.

Fotograf und Ort unbekannt

Associazione Nazionale Combattenti e Reduci, Modena

Kriegsverbrechen verloren 12.000 bis 13.000 italienische Soldaten ihr Leben.

Insgesamt geriet etwa eine dreiviertel Million italienischer Militärangehöriger in deutsche Hände. Statt jedoch wie versprochen nach Hause geschickt zu werden, wurden die Männer vor die Alternative gestellt, entweder weiter an der Seite Deutschlands in den Streitkräften der RSI zu kämpfen oder aber in Gefangenschaft zu gehen. Die überwiegende Mehrzahl war nicht zum weiteren Kampf für den Faschismus bereit. Die Verweigerer wurden in Güterwaggons Richtung Norden transportiert und in die Kriegsgefangenenlager der Wehrmacht eingeliefert.

Die italienischen Soldaten wurden offiziell als „Militärinternierte" bezeichnet. Sie galten nicht als gefangen genommene Angehörige einer Feindmacht, sondern als vorübergehend internierte Soldaten eines verbündeten Staates und standen damit nicht unter dem Schutz der Genfer Konvention. Die Italiener waren in der Hierarchie der Gefangenen ganz unten angesiedelt. Schlechter als sie wurden nur die sowjetischen Kriegsgefangenen behandelt. Bereits die Umstände der Deportation sollten den Italienern zeigen, was sie als „Verräter" zu erwarten hatten. Die Züge waren tagelang unterwegs, die Waggons wurden nur selten geöffnet, so dass kaum die Möglichkeit bestand, die Notdurft zu verrichten. Es fehlte an Nahrung und Wasser. Als die Männer an den Zielorten eintrafen, waren sie erschöpft und blickten in eine ungewisse Zukunft.

Aus dem „Russenlager“ Wietzendorf wurde nun das größte Aufnahme- und Durchgangslager für italienische Militärinternierte, die für den Arbeitseinsatz in Nordwestdeutschland vorgesehen waren. Im September/Oktober 1943 sollen sich bis zu 30.000 Gefangene gleichzeitig im Lager befunden haben. Die vorhandenen Baracken reichten als Unterkünfte nicht aus. Die Italiener wurden zum Teil in Zelten untergebracht oder hausten in den Erdhöhlen, die sich die sowjetischen Kriegsgefangenen zwei Jahre zuvor gegraben hatten. Abgesandte der RSI versuchten wiederholt, im Lager für ein Weiterkämpfen auf Seiten der Achse Deutschland-Italien zu werben – immerhin meldeten sich daraufhin etwa zehn Prozent freiwillig.

Zwischen September und November 1943 wurden rund 40.000 italienische Militärinternierte im Lager Wietzendorf eingeliefert. Nach zumeist kurzem Aufenthalt wurden sie zu Einsatzorten vorwiegend im Bergbau, bei Großbauprojekten, in der Rüstungsindustrie und bei der Trümmerräumung in den großen Städten wie Bremen, Hamburg und Hannover weitertransportiert. In die Landwirtschaft, wo es in der Regel bessere Lebensbedingungen und Verpflegung gab, gelangten nur wenige.

Als Ende 1943 der Transfer der italienischen Soldaten in die Arbeitskommandos abgeschlossen war, wurde das „Stalag X B Zweiglager Wietzendorf“ aufgelöst. Allerdings blieb Wietzendorf ein Teil des Lagersystems der Wehrmacht und wurde nun als Offizierslager genutzt.

Italienische Militärinternierte bei der Trümmerräumung in Hannover, 30. Mai 1944.
Historisches Museum Hannover

Oflag 83 Wietzendorf

Unter den italienischen Militärinternierten befanden sich rund 24.000 Offiziere. Die Wehrmacht beachtete zunächst die Bestimmung der Genfer Konvention, dass Offiziere nicht zur Arbeit eingesetzt werden durften, und brachte sie in mehreren Lagern im besetzten Polen und der Westukraine (dem so genannten „Generalgouvernement") unter. Im Laufe des Jahres 1944 wurden sie dann in Lager im Reichsgebiet verlegt, unter anderem in die Stalags X B Sandbostel und XI B Fallingbostel sowie in das Lager Wietzendorf.[56]

Das OKW entschied im Januar 1944, dass Wietzendorf Standort eines Lagers für italienische Offiziere werden sollte. Die Leitung wurde der Kommandantureinheit des Stalag 329 übertragen, das bis November 1943 in Winniza in der Ukraine stationiert und angesichts der anrückenden sowjetischen Truppen geräumt worden war. Am 21. Februar 1944 erfolgte die Umbenennung des Stalag 329 in „Oflag 83". Lagerkommandant war Oberst Bernardi, der aus Südtirol stammte, im Ersten Weltkrieg als Offizier der KuK-Monarchie in Pola in Istrien stationiert gewesen war und daher ein wenig Italienisch sprach. Für die Bewachung des Lagers waren wiederum Landesschützen zuständig.

Der erste Transport mit italienischen Offizieren traf am 17. Januar 1944 aus dem Stalag 328 Lemberg (Lviv) in Wietzendorf ein. Kurz darauf folgten weitere Transporte aus Lagern im Generalgouvernement. Am 1. Februar betrug die Zahl der Lagerinsassen 2.738.[57] Die Belegung blieb in den Folgemonaten relativ konstant. Ab Mitte des Jahres stieg sie dann stark an, woraufhin sich die Verhältnisse im Lager drastisch verschlechterten. Es herrschte nun eine große Fluktuation: Bis Jahresende kamen etwa 3.000 Offiziere aus dem Stalag X B Sandbostel und verschiedenen Lagern im westlichen Rheinland, die angesichts des Vorrückens der Alliierten evakuiert wurden, nach Wietzendorf. Im gleichen Zeitraum wurden Hunderte Offiziere in andere Lager verlegt oder teils freiwillig, teils unter Zwang in den Arbeitseinsatz entlassen.

---

56 Grundlage für die folgende Darstellung zum Oflag 83 sind die Publikation von Pietro Testa: Wietzendorf (Roma 1973) sowie die in der Auswahlbibliographie im Anhang aufgeführten Veröffentlichungen.

57 Bundesarchiv, RW 6/v. 452.

Am 1. Januar 1945 war mit 4.849 Lagerinsassen (4.552 Offiziere und 297 Ordonnanzen) ein vorläufiger Belegungshöchststand erreicht.[58]

Der ranghöchste italienische Offizier, Tenente Colonello (Oberstleutnant) Pietro Testa wurde am 9. Februar 1944 vom Kommandanten des Oflag 83 zum „Lagerältesten" (Commandante) der italienischen Offiziere in Wietzendorf bestimmt und blieb dies bis zur Heimkehr der letzten Italiener Ende August 1945. Testa bemühte sich unter den Mitgefangenen Disziplin und Selbstachtung aufrechtzuerhalten und sie durch Aktivitäten verschiedenster Art aus der Lethargie zu holen. Er versuchte der Bespitzelung durch die Lagerabwehr entgegenzuwirken, indem er die „schwarzen Schafe" unter seinen Landsleuten so gut wie möglich isolierte. Es gelang ihm, im Lager eine Gemeinschaft herzustellen und damit Solidarität und Durchhaltewillen zu stärken.

Die Italiener waren in 14 der 16 großen massiven Baracken untergebracht, die 1941/42 errichtet worden waren. Jede war in sechs Stuben mit jeweils 52 Bettstellen unterteilt. In jeder Stube gab es zwei Öfen und zwei kleine Fenster. Die Pritschen bestanden aus einem Lattenrost; ein mit Sägespänen gefüllter schmutziger Pappsack diente als Matratze. Im Block 5 befanden sich drei Stuben für die Ordonnanzen und eine Waschkammer, der Block 6 war für kulturelle und religiöse Aktivitäten bestimmt. Hier gab es einen Theaterraum, eine Kapelle, eine Bibliothek, einen Raum für die Post und einen Magazinraum. Die ranghöheren Offiziere wurden separat in einer kleinen Holzbaracke untergebracht. Für die Körperpflege standen zwischen den Baracken provisorische Waschgelegenheiten sowie in den beiden Entlausungsgebäuden ungeheizte Räume mit je 16 Duschen zur Verfügung.

Nominell boten die Baracken Schlafplätze für rund 4.500 Gefangene. Ab Dezember 1944 war diese Zahl jedoch dauerhaft überschritten. Im Januar 1945 wurden nochmals mehr als 600 Offiziere aus dem Stalag X B Sandbostel nach Wietzendorf verlegt. Anfang März trafen 1.200 französische Offiziere per Fußmarsch aus dem vor der anrückenden Front geräumten Oflag II B Arnswalde in Pommern ein. Es folgten 1.300 französische Offiziere aus dem Stalag X B. Anfang April kamen weitere französische Gefangene aus dem Oflag X B Nienburg hinzu. Zur Unterbringung

---

58 Bundesarchiv, RW 6/v. 453.

Wegen des Platzmangels in den Baracken muss ein Teil der Italiener im Frühjahr 1945 in Zelten im Vorlager unterkommen.

Das Foto wurde von einem namentlich nicht bekannten französischen Offizier im April 1945 aufgenommen.

Amicale de l'Oflag IID-IIB-XXIB, Neuilly-sur-Seine

der Franzosen mussten die Italiener eine Hälfte des Lagers räumen. Nun drängten sich bis zu neunzig Offiziere in einer Stube; ein Teil der italienischen Gefangenen wurde zudem in Baracken und Zelten im Vorlager untergebracht. Am Kriegsende befanden sich rund 7.000 Gefangene in dem nun völlig überfüllten Lager.

Lageralltag

Das Leben im Lager war von Enge, Schmutz, Feuchtigkeit, Kälte und Ungeziefer geprägt. Die Wohnbaracken waren in einem schlechten Zustand. Durch die Dächer tropfte das Regenwasser ins Innere, durch Risse in den Wänden zog es, viele Fensterscheiben waren zerbrochen und mit Pappe oder Sperrholz notdürftig ersetzt. Die Öfen in den Stuben produzierten viel Qualm und wenig Wärme. Ohnehin gab es nicht genügend Heizmaterial. Im Winter 1944/45 war es an vierzig Tagen minus zehn Grad Celsius und kälter; viele Soldaten erlitten Erfrierungen an den Gliedmaßen. Die Bekleidung war zerschlissen und wurde nicht ersetzt. Viele Soldaten besaßen ohnehin nur ihre Sommeruniformen, da sie im September in Gefangenschaft geraten waren. Die Strohsäcke, die als Bettstatt dienten, waren voller Wanzen und Flöhe, Ratten liefen durch die Stuben. Es gab keine Kanalisation, die Abwässer flossen oberirdisch durchs Lager und verursachten einen bestialischen Gestank. Die wenigen Brunnenpumpen

Innenansicht einer Stube.

Zeichnung von Marcello Tomadini

Associazione Nazionale Ex Internati (Hrsg.): Venti mesi fra i reticolati. LX tavole del Cap. Prof. M. Tomadini, Roma 1999

fielen immer wieder aus, so dass häufig Mangel an Trinkwasser herrschte. Laut Pietro Testa wurde das Lager von zwei deutschen medizinischen Kommissionen als unbewohnbar eingestuft.

Die Soldaten waren permanent vom Hunger geplagt. Die Hauptmahlzeiten bestanden vor allem aus Steckrübensuppe (von den Italienern „sbobba“ = Brühe genannt) oder Kartoffeln. Das Essen wurde in großen Kesseln in der Küche abgeholt und in den Stuben eingenommen; für die gerechte Verteilung sorgte eine Person, die das Vertrauen der Offiziere besaß. Zusätzlich gab es morgens und abends zumeist etwas Brot, Marmelade, Margarine und Tee. Bis zum Eintreffen der ersten Hilfslieferungen aus Italien Ende 1944 sank die Kalorienzahl der täglichen Rationen auf 1.300. Das war zu wenig zum Leben und zu viel zum Sterben. Regelmäßig durchsuchten die hungrigen Gefangenen die Küchenabfälle nach essbaren Resten wie Kartoffelschalen. Am 24. Februar 1945 wurden die Rationen nochmals gekürzt. Viele Offiziere notierten in ihren Tagebüchern eine dramatische Abmagerung bis auf unter fünfzig Kilogramm. Im März wurde die Verpflegungssituation endgültig kritisch.

Da die Italiener nicht als Kriegsgefangene galten, konnte das Lager nicht von Delegationen des Internationalen Komitees vom Roten Kreuz (IKRK) besucht werden. Auch erhielten die Offiziere keine Lebensmittelpakete vom IKRK oder anderen internationalen Hilfsorganisationen. Die Betreuung der Militärinternier-

Offiziere stehen Schlange an einer der wenigen funktionierenden Wasserpumpen.

Zeichnung von Piero Ricci

Associazione Nazionale ex Internati (Hrsg.): La Resistenza nei „Lager" vissuta e vista dai Pittori, Roma 1979

ten oblag allein dem von der Mussolini-Regierung eigens dafür eingerichteten Hilfsdienst „Servizio Assistenza Internati" (SAI) sowie dem Italienischen Roten Kreuz. Doch zunächst kam kaum staatliche Hilfe aus Italien; erst im Dezember 1944 traf eine erste große Lieferung mit 7.500 Paketen in Wietzendorf ein. Daher waren die Offiziere monatelang fast ausschließlich auf die unzureichende Verpflegung angewiesen, die sie von deutscher Seite erhielten. Allein die Pakete von Verwandten halfen die Lage etwas zu verbessern. Die Internierten durften monatlich zwei Sendungen mit einem Gesamtgewicht von fünf Kilogramm erhalten. Diese trafen jedoch immer spärlicher ein, je weiter die Alliierten in Italien nach Norden vorrückten. Bei der Kontrolle plünderten die Wehrmachtsoldaten zudem regelmäßig die Pakete.

Wegen des Verpflegungsnotstands und der katastrophalen sanitären Verhältnisse schickte Testa immer wieder Eingaben und Briefe an die italienische Botschaft und das Italienische Rote Kreuz in Berlin, ohne jedoch viel zu erreichen. Besuche von Vertretern des Italienischen Roten Kreuzes im Januar und März 1945 blieben folgenlos, ebenso eine Inspektion des Lagers durch Vertreter des OKW am 20./21. März 1945.

Der Tagesablauf der Offiziere war eintönig: Wecken, Appell, Essensausgabe und Postverteilung strukturierten den Tag. Die Zählappelle dauerten oft stundenlang und wurden ebenso als Schikane empfunden wie die häufigen Durchsuchungen von

Transport der Essenskübel von der Küche zur Wohnbaracke.

Zeichnung von Marcello Tomadini

Associazione Nazionale Ex Internati (Hrsg.): Venti mesi fra i reticolati. LX tavole del Cap. Prof. M. Tomadini, Roma 1999

Kleidung und Gepäck. Nach dem Abendappell durften die Baracken bis morgens um sieben Uhr nicht verlassen werden; das galt auch bei den immer häufigeren Fliegeralarmen.

Die meiste Zeit waren die Gefangenen sich selbst überlassen; Monotonie und Langeweile waren ein großes Problem. Zum Zeitvertreib dienten selbst organisierte Diskussionsgruppen, Literatur-, Mal- und Bastelwettbewerbe, Brett- und Kartenspielturniere. Soweit es der körperliche Zustand und die Ausstattung zuließen, wurde auch Sport getrieben. Zur gegenseitigen moralischen Unterstützung organisierten viele sich in landsmannschaftlichen Gruppen oder nach Waffengattung (z. B. Marine oder Alpini). Die Offiziere durften auch Briefwechsel mit ihren Angehörigen führen. Die Korrespondenz funktionierte allerdings nur relativ störungsfrei, wenn sie Verwandte im deutschen Einflussgebiet in Norditalien hatten.

Befördert durch die Tatsache, dass in Wietzendorf vor allem Reserveoffiziere untergebracht waren, die in ihrem zivilen Leben Professoren, Juristen, Journalisten oder Künstler waren, entwickelte sich ein reges Kulturleben im Lager. Vorträge, Theateraufführungen, Konzerte, Feiern und Ausstellungen wurden organisiert. Viele Gefangene schrieben Tagebuch, verfassten Gedichte oder zeichneten. Außerdem wurde viel gelesen. Die Lagerbibliothek umfasste anfangs 140 Bände, durch Spenden aus Italien waren es am Ende mehr als 2.000. Allerdings wurden viele Bücher

Der Altar in der Kapelle. Zeichnung von Marcello Tomadini

Associazione Nazionale Ex Internati (Hrsg.): Venti mesi fra i reticolati. LX tavole del Cap. Prof. M. Tomadini, Roma 1999

von der deutschen Zensur konfisziert, andere verschwanden, weil sie zu Toiletten- oder Zigarettenpapier verarbeitet wurden.

Die Religion spielte eine große Rolle. Unter den Gefangenen befanden sich rund 80 Priester. Im Block 6 richteten sich die Internierten eine kleine Kapelle ein. Hier fanden neben katholischen auch evangelische Gottesdienste statt. Am 18. Juni 1944 besuchte Monsignore Cesare Orsenigo, Gesandter des Papstes in Deutschland, die italienischen Offiziere in Wietzendorf und hielt mit 2.000 Gläubigen eine Messe ab.

Als einzige gedruckte Zeitung war im Lager das Propagandablatt „La voce della Patria" (Die Stimme des Vaterlandes) der RSI verfügbar. Wichtigeres Medium der Informationsvermittlung war jedoch das „Giornale parlato 83", eine Tageszeitung, die nur mündlich verbreitet wurde. Meldungen über den Kriegsverlauf, die Lage in Italien und sonstige Informationen erreichten auf diese Weise alle Lagerinsassen; die Italiener waren über die Situation an den Fronten stets gut informiert.

Der Krankenstand unter den Gefangenen war vor allem aufgrund der Mangelernährung und der hygienischen Verhältnisse relativ hoch. Hinzu kam die Witterung; vor allem Kälte und Feuchtigkeit setzten den Italienern zu. Viele waren an Tuberkulose erkrankt. In Wietzendorf gab es zunächst nur ein kleines Krankenrevier mit sechzig Betten in zwei Holzbaracken im Abschnitt II B. Ende Januar 1945 wurden im Vorlager fünf Baracken

Parade von Offizieren, die sich freiwillig für den Einsatz auf Seiten Deutschlands und der RSI gemeldet haben, auf dem Weg zwischen Lager und Kommandantur.

Aus einem Album des Wehrmachtsoldaten Ludolf M.

Gedenkstätte Lager Sandbostel

als Sanitätsbereich eingerichtet. Fünf italienische Ärzte und 18 Pfleger stellten das Lazarettpersonal. Es fehlte an Medikamenten und medizinischem Gerät. Hilfslieferungen der katholischen Kirche und des Italienischen Roten Kreuzes halfen die Ausstattung etwas zu verbessern, kompliziertere Fälle konnten in Wietzendorf jedoch nicht behandelt werden. Daher wurden viele Kranke in das Lazarett des Oflag X B Nienburg (ein Lager für französische Offiziere) überwiesen. Dort starben 14 Patienten aus Wietzendorf, die meisten an Tuberkulose. In Wietzendorf selbst kamen bis zur Befreiung 21 Gefangene ums Leben, auch diese hatten zumeist an TBC gelitten.

Der erste Todesfall im Lager am 8. März 1944 war jedoch nicht Folge einer Erkrankung – Capitano Guido Mancini starb an einer Schussverletzung. Während eines Luftalarms feuerte ein Posten vom Wachturm vier Schüsse auf ihn ab, da er sich angeblich zu nah an einer offenen Tür aufhielt. Der Verwundete blieb einige Stunden unversorgt liegen, bis er endlich in die Krankenbaracke gebracht werden durfte. Dort starb er in der Nacht an seinen Verletzungen.

Dies blieb nicht der einzige Vorfall dieser Art. Wiederholt schossen die Wachtposten ohne Vorwarnung auf die Lagerinsassen. Regelmäßig beschwerte sich Testa beim Kommandanten auch über Misshandlungen wie Stöße, Schläge, Fußtritte und andere von Gebrüll begleitete Übergriffe seitens der Wachmannschaften, die sich zumeist während der Appelle ereigneten.

Einige Offiziere wurden für ihre politische Agitation bestraft. Das Wehrkreisgericht in Hamburg verurteilte Tenente Colonello Di Palma im Juni 1944 zu sechs Monaten Arrest wegen einer Protestaktion gegen die Freiwilligenwerbung. Tenente Cruccioli erhielt drei Monate Karzer, nachdem bei ihm ein Radioapparat entdeckt wurde; später wurde er zu weiteren zwei Monaten verurteilt, weil er nach seiner Rückkehr gegen den Arbeitseinsatz und NS-Deutschland agitiert hatte. Zwei weitere Offiziere wurden wegen „antideutscher Aktivitäten" in Hamburg vor Gericht gestellt und kehrten nicht ins Lager zurück.

Weiterhin versuchten Werber der Wehrmacht und der RSI die Offiziere für den gemeinsamen „Kampf gegen den Bolschewismus" zu gewinnen. Der Erfolg war jedoch gering. Regelmäßig kam es dabei zu internen Auseinandersetzungen zwischen Kollaborationswilligen und Standhaften oder solchen, die sich freiwillig zur Arbeit meldeten und denjenigen, die dies ablehnten.

Arbeitseinsatz: Von der Freiwilligenwerbung zum Zwang

Für das faschistische Regime Mussolinis war es ungünstig, dass Hunderttausende Italiener, deren Angehörige in Norditalien lebten, in den Gefangenenlagern des deutschen Verbündeten dahinvegetierten. Mussolini strebte daher die Überführung der italienischen Soldaten in den Zivilstatus an. Die deutsche Seite versuchte das Problem zu lösen, indem sie den Soldaten im August 1944 die Entlassung aus der Gefangenschaft anbot, wenn sie sich bereit erklärten, bis zum Kriegsende als „freie Arbeiter" in Deutschland zu verbleiben. Dies stieß auf wenig positive Resonanz, so dass die Selbstverpflichtung dann unter Druck und oft unter Anwendung körperlicher Gewalt abgepresst wurde. Da sich dennoch die meisten Gefangenen weiterhin weigerten, die geforderte Erklärung zu unterschreiben, wurden sie schließlich geschlossen und ohne diese Formalität zu Zivilisten gemacht.

Offiziere, Kranke und als politisch unzuverlässig eingestufte Militärinternierte waren zunächst vom Statuswechsel ausgenommen. Allerdings wurde von deutscher Seite bereits seit längerem versucht, auch die Offiziere für den Arbeitseinsatz zu rekrutieren. Hintergrund war der erhebliche Arbeitskräftemangel in der Kriegswirtschaft. Zunächst mit Werbung und Versprechungen, später unter Drohungen wurden die Offiziere gedrängt, sich freiwillig zu melden. In diesem Zusammenhang spielte das Lager Wietzendorf eine besondere Rolle. Bereits im Februar 1944 hatte hier eine erste Werbeaktion für den Arbeitseinsatz stattgefunden, woraufhin sich allerdings nur 150 Freiwillige gemeldet hatten, vor allem Anhänger der Faschisten. Dennoch wurde weiter intensiv für den Arbeitseinsatz geworben. Im Juli kamen deutsche Unternehmer und Vertreter des Arbeitsamtes zu diesem Zweck nach Wietzendorf; doch es meldeten sich erneut nur wenige Offiziere freiwillig, die vor allem wohl der katastrophalen Lebenssituation im Lager, dem Hunger und der Langeweile entfliehen wollten.

Kurz darauf teilte der Lagerkommandant den Italienern mit, dass nach einer Vereinbarung zwischen Hitler und Mussolini der Arbeitseinsatz auch für Offiziere ab dem 1. August obligatorisch sei. Ausgenommen waren nur die aktiven Offiziere und höhere Dienstgrade. Wietzendorf erhielt nun die Rolle eines Verteilerlagers für den Arbeitseinsatz. Aus verschiedenen Lagern trafen nun Transporte mit Reserveoffizieren ein, die nach beruflichen Kriterien ausgewählt worden waren.

Ab September wurden Hunderte von Offizieren zwangsverpflichtet. Testa protestierte erfolglos gegen die Maßnahmen. Der italienische Verteidigungsminister Graziani appellierte an die Ehre und das nationale Gewissen der Offiziere, aber viele verweigerten weiterhin die Arbeitsaufnahme. Mit Billigung der Mussolini-Regierung wurde daher der Druck erhöht. Als im November die Verpflegungsrationen von 1.700 auf 1.400 und im Dezember schließlich auf 1.300 Kalorien gesenkt wurden, interpretierten die Italiener dies als weiteren Versuch, sie zu einer Einwilligung zu bewegen.

Am 31. Januar 1945 schließlich ordnete der Chef des Kriegsgefangenenwesens die generelle Arbeitspflicht für alle italienischen Berufs- und Reserveoffiziere bis zu einem Alter von sechzig Jahren an. Alle zum Arbeitseinsatz abkommandierten Offiziere wurden aus der Internierung „entlassen" und galten nun als Zivilisten. Größere Kontingente wurden unter anderem nach Hamburg, Hannover, Leipzig und Fallersleben (VW-Werk) geschickt.

Anfang März 1945 gab die deutsche Seite ihre Versuche auf, die in Wietzendorf verbliebenen Offiziere zur Arbeit zu zwingen; am 16. März wurde der Befehl, der alle Offiziere zur Zwangsarbeit verpflichtete, wieder aufgehoben. Nach Darstellung von Pietro Testa sind von den etwa 10.000 Italienern, die das Oflag 83 Wietzendorf 1944/45 durchlaufen haben, 1.850 nach dem Arbeitspflicht-Erlass zwangsweise rekrutiert worden, 2.320 haben sich mehr oder weniger freiwillig zur Arbeit gemeldet.[59] Die meisten Offiziere hatten jedoch der Werbung und dem Druck widerstanden und sich dafür entschieden, bis zur sehnlichst erwarteten Befreiung das Elend im Lager bei Hunger und Kälte zu ertragen statt als „freie Arbeiter" unter deutlich besseren Bedingungen zu leben, gleichzeitig aber mit den Deutschen zu kollaborieren.

Bemerkenswert war das Auftreten einer Gruppe von Offizieren, die später als die „Helden von Unterlüß" bezeichnet wurden. Am 16. Februar 1945 wurden 214 italienische Offiziere aus Wietzendorf zum Arbeitseinsatz auf den Fliegerhorst Dedelstorf geschickt. Die daran vorbeiführende Reichsstraße 4 sollte zu einer Start- und Landebahn für Jagdflugzeuge ausgebaut werden. Am 21. Februar verfassten die Offiziere ein Protestschreiben, in dem sie erklärten, dass sie zwangsweise zur Arbeit rekrutiert worden seien, und verwiesen auf die Genfer Konvention, die den Einsatz von Kriegsgefangenen im direkten Zusammenhang mit Kriegshandlungen ausschloss. Außerdem verbiete der Ehrenkodex den Offizieren, für den Feind zu arbeiten. Sie verlangten daher nach Wietzendorf zurückgeschickt zu werden. Nachdem die Bauleitung erfolglos versucht hatte, die Italiener zur Wiederaufnahme der Arbeit zu bewegen, erschien am 24. Februar ein Gestapobeamter aus Celle mit einem Dolmetscher der RSI und erklärte bei einem Appell, jeder Zehnte der Italiener werde wegen Sabotage bestraft. Er wählte willkürlich 21 Männer aus, die in ein Straflager geschickt werden sollten, und sagte sinngemäß: „Schaut euch

59 Testa: Wietzendorf, S. 237.

eure Kameraden noch einmal an, ihr werdet sie nicht mehr wiedersehen." Das wurde von vielen Italienern so interpretiert, dass die 21 Geiseln erschossen werden sollten. 44 weitere Offiziere erklärten sich spontan bereit, den Platz ihrer 21 Kameraden einzunehmen. Die Gestapo war irritiert, und nach einiger Bedenkzeit wurden die 44 Freiwilligen in das angedrohte Straflager gebracht: das „Arbeitserziehungslager"(AEL) der Gestapo in Unterlüß. Dort wurden den Offizieren bei ihrer Ankunft die Rangabzeichen von den Uniformen gerissen. Sie mussten im Kreis laufen und wurden dabei von den Wachmannschaften mit Gummiknüppeln geschlagen, während der Lagerführer mit einer Pistole zwischen ihnen auf den Boden schoss. Anschließend mussten sie stundenlang im Freien stehen bleiben. Erst gegen Mitternacht wurden sie unter Fußtritten in die Lagerhalle getrieben, die als Unterkunft diente.

Die Offiziere mussten elf Stunden täglich am Bahnhof Unterlüß Fahrzeuge und anderes Militärgerät auf- und abladen oder in der Geschützproduktion bei der Rheinmetall-Borsig GmbH arbeiten. Tritte, Ohrfeigen, Stockschläge und Beschimpfungen begleiteten sie durch den Tag. Die karge Verpflegung reichte kaum aus, um die Männer am Leben zu erhalten, die hygienischen Verhältnisse im Lager waren katastrophal.

Am 2. April kamen vier weitere Wietzendorfer Offiziere in das AEL Unterlüß. Sie gehörten zu einer Gruppe von 25 Männern, die zum Arbeitseinsatz nach Alt Garge an der Elbe geschickt worden waren. Dort hatten sie gegen die Arbeits- und Lebensbedingungen protestiert, woraufhin die Gestapo sie am 24. Februar zunächst nach Lüneburg ins Gefängnis verschleppt hatte.

Am 9. April 1945 erfolgte die Auflösung des Lagers Unterlüß. 15 italienische Offiziere wurden mit neunzig weiteren Insassen auf einen Evakuierungsmarsch getrieben, der am 14. April bei Alt Garge endete. Die Mehrzahl der Häftlinge, darunter auch die meisten Italiener, wurde vorzeitig aus der Gestapohaft entlassen und aufgefordert, sich in Celle beim Arbeitsamt zu melden. Einige versteckten sich und wurden am 13. April von britischen Truppen befreit, andere fuhren mit dem Zug nach Celle und erlebten dort das Kriegsende.

Mindestens drei italienische Offiziere kamen in Unterlüß ums Leben. Zwei starben infolge von Erschöpfung und Misshandlungen, einer wurde am 9. April von der Gestapo gemeinsam mit anderen marschunfähigen Häftlingen erschossen.

Kriegsende und Heimkehr

Im Frühjahr 1945 verschlechterten sich die Verhältnisse im Lager zunehmend. Im März und April waren mindestens 3.000 französische Offiziere aus Arnswalde, Sandbostel und Nienburg nach Wietzendorf verlegt worden. Der ohnehin begrenzte Raum wurde immer knapper, die hygienischen Bedingungen verschlechterten sich zusehends und die Aufrechterhaltung der Disziplin unter den Gefangenen gelang kaum noch. Es fehlte an allem, insbesondere die Versorgung mit Lebensmitteln und Medikamenten war unzureichend. Deutlich wurde spürbar, dass der Krieg zu Ende ging. Als britische Panzer bis Paderborn vorgestoßen waren, kündigte Kommandant Bernardi am 5. April 1945 die Räumung des Lagers an – 1.400 Bewohner der Blöcke 9 bis 12 hatten sich zunächst mit Gepäck zum Appell aufzustellen; die Nacht verbrachten sie im Vorlager in Zelten, während der Kommandant auf weitere Weisung vom Wehrkreiskommando in Hamburg wartete. Am nächsten Tag kehrten die Männer jedoch ins Lager zurück, die Evakuierung war ausgesetzt worden. Anfang April 1945 wurden schließlich noch einige britische Kriegsgefangene eingeliefert, die den deutschen Truppen in der Umgebung in die Hände gefallen waren. Das Lager war mit mehr als 7.000 Gefangenen vollkommen überbelegt.

Um den 10./11. April 1945 wurden der Kommandant Bernardi und das gesamte deutsche Lagerpersonal aus dem Oflag abgezo-

Begegnungen am Zaun, März/April 1945: Die französischen und italienischen Offiziere sind im Oflag 83 in getrennten Lagerteilen untergebracht. Hilfspakete des Roten Kreuzes erhalten nur die französischen Gefangenen. Über den Lagerzaun hinweg entwickelt sich daraufhin ein reger Tauschhandel mit den Italienern. Die deutschen Wachtposten versuchen solche Kontakte zu unterbinden.

Amicale de l'Oflag IID-IIB-XXIB, Neuilly-sur-Seine

Das Oflag 83 in der Nacht vom 15. auf den 16. April 1945; die deutsche und britische Artillerie feuern über das Lager hinweg.

Zeichnung von Marcello Tomadini

Associazione Nazionale Ex Internati (Hrsg.): Venti mesi fra i reticolati. LX tavole del Cap. Prof. M. Tomadini, Roma 1999

gen. Lediglich ein Restkommando von etwa dreißig Wachtposten unter Führung von Hauptmann Lohse blieb vor Ort. Da kaum mehr Vorräte im Lager vorhanden waren, verhandelte Lohse mit dem Wietzendorfer Bürgermeister Martens, um die Ernährung der Gefangenen mit Hilfe der Gemeinde sicherzustellen. Nachdem dieser das Ansinnen zunächst abgelehnt und auf die Zuständigkeit der Wehrmacht verwiesen hatte, ergriff er aus Sorge vor Plünderungen schließlich doch verschiedene Maßnahmen, um die Verpflegung der französischen und italienischen Offiziere zu gewährleisten. Unter anderem ließ er eine Bäckerei im Ort beschlagnahmen, um zumindest die Versorgung mit Brot sicherzustellen.

Währenddessen kam es in Wietzendorf und um das Lager herum zu erbitterten Kämpfen zwischen deutschen und britischen Einheiten. Giovannino Guareschi, der Autor von „Don Camillo und Peppone“ und Gefangener im Oflag 83, schrieb in seinem Tagebuch: „Als die Engländer am Dorfrand angekommen waren, pfiffen in der Nacht vom 15. zum 16. ständig deutsche Geschosse über unsere Köpfe. Die Einschläge der Gegenbatterie näherten sich

Wietzendorf, 16. April 1945: Der britische Major Cooley gibt die Befreiung der italienischen und französischen Offiziere bekannt.

Zeichnung von Marcello Tomadini

Associazione Nazionale Ex Internati (Hrsg.): Venti mesi fra i reticolati. LX tavole del Cap. Prof. M. Tomadini, Roma 1999

uns immer mehr, so dass schließlich das italienische und französische Oberkommando sich gezwungen sah, energisch einzugreifen. Man befahl, dass in allen Baracken zwei Männer abwechselnd Wache halten sollten. [...] Im Morgengrauen gab es einen spannenden Kampf im Dorf, und gegen Mittag endlich schwieg auch die deutsche Artillerie. Es war wirklich goldenes Schweigen."[60]

Befreiung: „Sie sind da! Sie sind da!"

Am 16. April 1945 herrschte spannungsvolle Erwartung im Lager, und gegen 17 Uhr erreichte die Gefangenen endlich die Nachricht: „Die Engländer sind da!".

Giovannino Guareschi notierte in seinem Tagebuch:

„Um 17:30 Uhr fingen alle an zu schreien: Sie sind da! Sie sind da! und drängten sich gegen das Lagertor. Zusammen sechstausend französische und italienische Offiziere. Ich kletterte auf einen Zaunpfahl, damit ich die Befreiungstruppen selbst sehen

60 Giovannino Guareschi: Nicht umzubrigen. Heimliches Tagebuch, Starnberg 1971, S. 175f..

Auf dem Marsch nach Bergen.
Zeichnung von Marcello Tomadini

Associazione Nazionale Ex Internati (Hrsg.): Venti mesi fra i reticolati. LX tavole del Cap. Prof. M. Tomadini, Roma 1999

konnte. Sie kamen in einem schwarzen 1100er an, und alle drei erwiesen sich als nette Leute. [...] Der Major entwaffnete die deutsche Wache am Tor und übergab Gewehre und Männer den Franzosen."[61]

Die deutschen Wachtposten und Hauptmann Lohse wurden in einem Schuppen eingeschlossen und französische Offiziere übernahmen die Wache. Der britische Major Cooley erklärte die Gefangenen in einer schriftlichen Note zwar als befreit, aber niemand durfte das Lager verlassen, solange es keine weitere Anordnung gab. Als Cooley am Abend das Lager wieder verließ, versprach er am nächsten Tag zurückzukehren. Stattdessen trafen am 17. April erneut deutsche Truppen in Wietzendorf ein. Sie stürmten die Bäckerei, nahmen die vor der Bäckerei postierten Franzosen in Gewahrsam und befreiten das im Lager festgesetzte deutsche Wachpersonal. Hauptmann Lohse und die restlichen Wachtposten wurden abgezogen und sahen sich nun dem Vorwurf ausgesetzt, das Oflag und die Gefangenen leichtfertig den Briten überlassen zu haben.

61 Ebd., S.168f..

Die folgenden Tage verbrachten die Gefangenen mit Abwarten; längst war gewiss, dass die Briten nicht zurückkehren würden. Da sich Wietzendorf noch immer in umkämpftem Gebiet befand, teilte der deutsche Oberstleutnant Steinmann schließlich dem französischen Colonel Duluc, Verbindungsoffizier der französischen Kriegsgefangenen, am 21. April 1945 mit, dass das Lager als neutrale Zone die militärischen Operationen bzw. Möglichkeiten der deutschen Truppen behindere und er fortan jegliche Verantwortung für die Lagerinsassen ablehne. Colonel Duluc wurde beauftragt, mit den britischen Truppen den Abmarsch der französischen und italienischen Offiziere hinter die britischen Linien zu vereinbaren. Die Briten akzeptierten einen eintägigen Waffenstillstand und die Einrichtung eines neutralen Korridors auf der Strecke Wietzendorf-Marbostel. Am 22. April 1945 war es so weit: Die Briten schickten die italienischen und französischen Offiziere auf einen Fußmarsch nach Bergen, wo sie Quartier in den von den deutschen Bewohnern geräumten Häusern bezogen.

Früh morgens begann der Marsch in Richtung Bergen. Zunächst verließen die französischen Offiziere das Lager, kurze Zeit später folgten die Italiener. Die körperlich Schwachen wurden im Lager zurückgelassen und später mit dem LKW nach Bergen transportiert.

Gegen 14 Uhr traf die Kolonne in Bergen ein. Giovannino Guareschi notierte in seinem Tagebuch für den 22. April 1945: „Die Deutschen ‚schenkten' uns den Alliierten. Ohne zu wissen wie, marschierten wir also auf einer Straße, an deren Seite von Flammenwerfern versengte Wälder standen. Wir begegneten ausgeweideten Panzern und abgebrannten Jeeps, und an den Baumstämmen sah man die Spuren der Maschinengewehre. Wir gingen ohne Geleit mit einer Fahne des Roten Kreuzes an der Spitze der Kolonne."[62]

Pietro Testa, Vertrauensmann und Kommandant der Italiener schrieb über die Zeit in Bergen:

„Die neun Tage in Bergen vergingen wie ein Traum aus Tausend und einer Nacht. Bei der Ankunft in dem für die Italiener reservierten Ortsteil von Bergen brannte in den Öfen der Wohnhäuser noch das Feuer und auf den Esstischen standen noch die reichen Mahlzeiten, die sich die Deutschen auch im sechsten Kriegsjahr nach wie vor gönnten. Die Kredenzen und die Schränke,

62 Ebd., S. 182.

die Dachböden, die Keller, die Schweine-, Hühner- und andere Ställe, alles war prall gefüllt [...]. In den ersten Tagen erfuhr ich, daß im KZ Belsen 300 Italiener waren, und ich brachte Ihnen mit einem Lastwagen Lebensmittel." [63]

Entgegen ihrer Hoffnung auf eine rasche Heimreise mussten die italienischen Offiziere schließlich am 30. April gemeinsam mit den im Konzentrationslager Bergen-Belsen befreiten Italienern zunächst wieder nach Wietzendorf zurückkehren. Einige Kranke blieben im Wehrmacht-Lazarett in Bergen zurück und wurden dort medizinisch versorgt. Für die französischen Offiziere hatte die Heimreise bereits am dritten Tag in Bergen begonnen: Täglich wurden 500 Mann in die Heimat ausgeflogen.

Für die Italiener sollte es bis zu vier weitere Monate dauern bis sie in die Heimat zurückkehren konnten. Zuerst wurden die befreiten amerikanischen, britischen, französischen und sowjetischen Kriegsgefangenen repatriiert; erst danach begannen die Vorbereitungen für eine Rückführung der Italiener. Die Alliierten sahen in den Italienern nach wie vor die ehemaligen Verbündeten des nationalsozialistischen Deutschlands. Außerdem verzögerte sich die Repatriierung aufgrund organisatorischer Probleme seitens der italienischen Regierung.

Anfang Mai 1945 verlegten die Briten etwa 3.000 weitere Italiener aus Arbeitskommandos in der Region nach Wietzendorf, so dass sich die hygienischen und auch räumlichen Verhältnisse im Lager erneut zuspitzten. Erst nach mehreren Beschwerdeschreiben des italienischen Kommandanten Pietro Testa an die obersten britischen Behörden besserte sich im Juni 1945 die Situation.

Die Rückkehr nach Wietzendorf und das lange Warten auf die Heimkehr setzten den befreiten Italienern stark zu. Sie fühlten sich nach wie vor als Gefangene und meinten, seitens der Briten eine ablehnende Haltung ihnen gegenüber als einstige Verbündete des nationalsozialistischen Deutschlands wahrzunehmen. Pietro Testa beschrieb die Stimmung im Lager: „So befanden wir uns langsam aber sicher in einem geistigen Zustand hochgradiger Nervosität, der immer mehr zunahm und zu wirklichen Entartungen führte – einerseits vergaßen wir die existenziellen Vorteile, die uns unsere Befreier verschafft hatten, und andererseits entwickelten sich allmählich echte und handfeste

63 Testa: Wietzendorf, S. 161.

Auf dem Weg nach Bergen, 22. April 1945.
Das Gepäck der Offiziere wird nach etwa 5–10 Kilometern von Lastwagen der britischen Armee aufgenommen und nach Bergen gebracht.
Amicale de l'Oflag IID-IIB-XXIB, Neuilly-sur-Seine

Nach der Rückkehr aus Bergen wird im Lager feierlich die italienische Flagge gehisst. Wietzendorf, Frühjahr 1945

Istituto Storico Toscano della Resistenza e dell´Età contemporanea, Sammlung Mercatali, Florenz
Die Inhaber_innen der Urheberrechte konnten von den Herausgebern nicht ermittelt werden. Sie werden gebeten sich ggfls. mit der Stiftung niedersächsische Gedenkstätten in Verbindung zu setzen.

Entgegen ihrer Hoffnung auf eine rasche Heimreise müssen die italienischen Offiziere noch lange auf die Rückkehr in die Heimat warten. Wietzendorf, Frühjahr/Sommer 1945

Istituto Storico Toscano della Resistenza e dell´Età contemporanea, Sammlung Mercatali, Florenz
Die Inhaber_innen der Urheberrechte konnten von den Herausgebern nicht ermittelt werden. Sie werden gebeten sich ggfls. mit der Stiftung niedersächsische Gedenkstätten in Verbindung zu setzen.

Die Zustände im Lager sind auch nach der Befreiung katastrophal. Hier bereiten zwei italienische Offiziere mit einfachsten Mitteln eine Mahlzeit zu. Wietzendorf, Frühjahr/Sommer 1945

Istituto Storico Toscano della Resistenzas e dell´Età contemporanea, Sammlung Mercatali, Florenz
Die Inhaber_innen der Urheberrechte konnten von den Herausgebern nicht ermittelt werden. Sie werden gebeten sich ggfls. mit der Stiftung niedersächsische Gedenkstätten in Verbindung zu setzen.

Abfahrt aus Wietzendorf im August 1945: Die italienischen Offiziere auf dem Heimweg.

Zeichnung von Marcello Tomadini

Associazione Nazionale Ex Internati (Hrsg.): Venti mesi fra i reticolati. LX tavole del Cap. Prof. M. Tomadini, Roma 1999

anti-englische Gefühle in uns. [...] Die Engländer erkannten schließlich die Sachlage und schafften viele Abhilfen, welche dazu beitrugen die ‚Lage im Zaum' zu halten."[64]

Am 17. Juli 1945 konnten schließlich die ersten 100 Italiener die Heimreise antreten; sechs Tage lang folgten je weitere 100 Männer. Dann wurden die Fahrten zeitweilig wegen logistischer Probleme unterbrochen. Bis zum 8. August erhöhte sich die Quote auf täglich 500 Mann. Am 30. August 1945 reiste Pietro Testa schließlich mit den letzten 100 Offizieren und Soldaten Richtung Italien ab.

64 Testa: Wietzendorf, S. 157

Biographie Giovannino Guareschi

Giovannino Guareschi als Schüler der 1. Klasse. Parma, 1914

Archiv Guareschi, Roncole Verdi (PR)

Giovannino Oliviero Giuseppe Guareschi wurde am 1. Mai 1908 in Fontanelle di Roccabianca (Provinz Parma) geboren. Der Vater war Inhaber eines Ladens für Fahrräder, Nähmaschinen und landwirtschaftliche Maschinen. Die Mutter arbeitete als Grundschullehrerin. Nachdem der Vater das Geschäft 1914 aufgegeben hatte, zog die Familie nach Parma.

Nach dem Abitur drängte ihn sein ehemaliger Lehrer Cesare Zavattini, ein bekannter Autor und Maler, in der Redaktion der „Gazzetta di Parma" mitzuarbeiten. Er ahnte, dass Giovannino großes schriftstellerisches Talent besaß. Im Jahr darauf begann er unter dem Pseudonym Michelaccio für das Wochenblatt „La Voce di Parma" Artikel und Gedichte zu verfassen sowie Zeichnungen anzufertigen.

Ab 1934 absolvierte Giovannino Guareschi seinen Militärdienst an der Offiziersschule in Potenza. 1936 trat er als Offizier in das VI. Regiment des Armeekorps von Modena ein. 1937 wurde Giovannino Guareschi Chefredakteur der Zeitschrift „Bertoldo" und blieb es bis zu ihrem Verbot im September 1943. Es war eine der lebendigsten und schöpferischsten Phasen von Guareschis Tätigkeit als Humorist.

Im Februar 1940 heiratete Giovannino Guareschi Ennia Pallini – im Mai 1940 wurde Sohn Alberto und im November 1943 die Tochter Carlotta geboren.

Im Oktober 1942 wurde Giovannino Guareschi wegen des Vorwurfs, Mussolini verleumdet zu haben, von der Kriminalpolizei festgenommen. Am nächsten Tag konnte er zwar wieder nach Hause zurückkehren, wurde aber im Dezember zum Militär einberufen. Am 9. September 1943 nahmen ihn deutsche Truppen in der Kaserne von Alessandria gefangen. Über verschiedene Lager gelangte er am 1. April 1944 in das Stalag X B Sandbostel. Am 30. Januar 1945 wurde er in das Oflag 83 Wietzendorf verlegt.

Am 16. April 1945 wurden Guareschi und seine Kameraden in Wietzendorf durch britische Truppen befreit. Nach seiner Rückkehr nach Mailand im September 1945 nahm Giovannino Guareschi die journalistische Arbeit wieder auf und gründete zusammen mit Giovanni Mosca und Giaci Mondaini das satirische Wochenblatt „Candido". Im Dezember 1946 erschien im „Candido" unter dem Titel „Don Camillo" die erste Erzählung der erfolgreichen Serie „Mondo piccolo" („Kleine Welt"). 1948 wurde der Sammelband „Mondo Piccolo – Don Camillo" veröffentlicht, der sowohl in Italien als auch im Ausland großen Erfolg hatte. Aus diesen Erzählungen entstand schließlich eine Reihe von Verfilmungen, die sich an die Figuren des Pfarrers Don Camillo und des kommunistischen Bürgermeisters Peppone anlehnten.

1952 zog die Familie Guareschi nach Roncole Verdi in der Provinz Parma. Dort eröffnete Giovannino 1957 ein Café und erfüllte sich damit einen langjährigen Traum. Ab 1966 lebte er mit seiner Frau Ennia aus Gesundheitsgründen in Cademario in der Schweiz.

Giovannino Guareschi starb am 22. Juli 1968 in Cervia. Er wurde auf dem Friedhof von Roncole Verdi beigesetzt.

Der italienische Marineoffizier Vittorio Vialli machte während seiner Gefangenschaft heimlich mehr als 300 Fotos. Die Kamera und einen Vorrat an Filmen hatte er mit ins Lager geschmuggelt. So entstand auch dieses Foto von Giovannino Guareschi im Stalag X B Sandbostel, 1944

Fondo Vittorio Vialli – Archivio Istituto Storico Parri Emilia Romagna, Bologna

Giovannino Guareschi
Cademario, 1965

Archiv Guareschi, Roncole Verdi (PR)

Lager und Friedhöfe nach dem Krieg

Nachnutzung des Lagers

Nach Kriegsende dienten die verlassenen Lager häufig als Unterkunft für Flüchtlinge und Vertriebene aus dem Osten. Bereits im September 1945 richteten sich die ersten deutschen Flüchtlinge provisorisch unter ärmlichsten Bedingungen in den Baracken des ehemaligen Stalag X D / Oflag 83 ein. Mitte April 1946 beschloss der Wietzendorfer Gemeinderat, elf Baracken im Vorlager käuflich zu erwerben, diese desinfizieren zu lassen, zu Wohnungen auszubauen und mit Flüchtlingen zu belegen. Zuvor waren der Gemeinde durch den Baulenkungsausschuss in Soltau insgesamt 21 Baracken für einen Preis von je 1.000 Reichsmark angeboten worden: Zwanzig auf dem ehemaligen Lagergelände und eine Baracke im „Maidenlager". Die Schwemmsteinbaracken, die auf Anweisung der britischen Militärbehörden zum Teil bereits abgebrochen worden waren, erhielt die Gemeinde unentgeltlich zur Verfügung. Geplant war die Errichtung von fünf Vierfamilienhäusern am Weg zum ehemaligen „Maidenlager".[65] Den Bürgern wurde das Abbruchmaterial gegen ein Entgelt zur Verfügung gestellt. Die größte Baracke war zu diesem Zeitpunkt in Teilen bereits abgebaut worden, um aus dem Material andernorts Unterkünfte für Displaced Persons zu errichten.[66]

Aus den baufälligen Baracken wurde alles Brauchbare ausgebaut, um wiederum andere bewohnbar zu machen: Räume wurden geteilt, Dächer und Fenster ausgebessert. Schließlich ließen sich immer mehr Familien auf dem ehemaligen Lagergelände nieder. Im Laufe der Zeit entwickelte sich ein autarkes Gemeinschafts- und Gemeindeleben unter den Flüchtlingen und Vertriebenen. Kleinere Gewerbebetriebe siedelten sich an, wie zum Beispiel eine Flachsfabrik in einer der ehemaligen Entlausungsanlagen des Lagers und 1948 auch ein kleiner Laden für den alltäglichen Bedarf. 1950 lebten im Lager Osterheide, wie es nun genannt wurde, 485 und im ehemaligen „Maidenlager" 96 Personen.[67]

---

65 Archiv „Heimatverein Peetshof Wietzendorf e.V.", Ratssitzungen 1945/46, ohne Signatur. Die „Maidenlager" waren ab 1935 zur Unterbringung der zum Reichsarbeitsdienst verpflichteten weiblichen Jugendlichen errichtet worden.

66 Archiv „Heimatverein Peetshof Wietzendorf e.V.", 04.05.05.

67 Ebd.

Hauptstraße Wietzendorf, kurz nach Kriegsende.

Istituto Storico Toscano della Resistenza e dell´Età contemporanea, Sammlung Mercatali, Florenz
Die Inhaber_innen der Urheberrechte konnten von den Herausgebern nicht ermittelt werden. Sie werden gebeten sich ggfls. mit der Stiftung niedersächsische Gedenkstätten in Verbindung zu setzen.

Nachdem ein großer Teil der Flüchtlinge und Vertriebenen in die Industriegebiete abgewandert war, begann in den 1950er Jahren allmählich die Auflösung des Lagers Osterheide. Die letzten Familien zogen in den 1960er Jahren fort. Die verbliebenen Baracken gingen in den Besitz der Bundesvermögensstelle über, wurden abgerissen und die noch verwendbaren Materialien verkauft.

Die Bewohner richten die Baracken als dauerhafte Unterkünfte her, häufig mit einem kleinen Garten für Obst und Gemüse.

Istituto Storico Toscano della Resistenza e dell´Età contemporanea, Sammlung Mercatali, Florenz

Die Inhaber_innen der Urheberrechte konnten von den Herausgebern nicht ermittelt werden. Sie werden gebeten sich ggfls. mit der Stiftung niedersächsische Gedenkstätten in Verbindung zu setzen.

Archiv Heimatverein Peetshof Wietzendorf e.V.

Archiv Heimatverein Peetshof Wietzendorf e.V.

Der sowjetische Kriegsgefangenenfriedhof von 1945 bis 1960

Mitte 1945 begann die sowjetische Militärverwaltung insbesondere in den westlichen Besatzungszonen viele Friedhöfe instand zu setzen und neu zu gestalten. In diesem Zusammenhang wurden Ehrenmale errichtet und die deutschen Behörden mit der Pflege der Anlagen beauftragt.

In den 1960er Jahren kam es im Zuge der Sanierung und Instandsetzung der Kriegsgräberstätten in Niedersachsen zu weitreichenden Umgestaltungsmaßnahmen, die von den Bezirksregierungen in Zusammenarbeit mit dem Volksbund Deutsche Kriegsgräberfürsorge (VDK) durchgeführt wurden. Grabhügel und -zeichen wurden häufig zwecks einfacherer Pflege und Kostenersparnis eingeebnet bzw. entfernt und durch Rasenflächen ersetzt, etliche sowjetische Mahnmale abgetragen oder umgesetzt. Trotz Kenntnis der genauen Lage wurde in der Regel darauf verzichtet, die Massen- und Einzelgräber durch Einfassungen oder Bepflanzung zu markieren.

Die Pflege und Erhaltung der sowjetischen Kriegsgefangenenfriedhöfe besaß bei den zuständigen deutschen Behörden keine Priorität. Vielmehr wurden sie „ob ihrer Symbolik und Inschriften als Provokation und Zumutung des Gegners im Kalten Krieg empfunden. Konsequenz dieser Haltung war die Zerstörung, Verwahrlosung oder Umdeutung durch Umgestaltung von Mahnmalen und Friedhöfen".[68] Das Engagement seitens der deutschen Behörden war in erster Linie geprägt durch das übergeordnete Interesse an den Gräbern von gefallenen Wehrmachtsoldaten in der Sowjetunion und deren Pflege vor Ort.

Auch der Kriegsgefangenenfriedhof in Wietzendorf in seiner aktuellen Gestalt ist das Ergebnis mehrerer Umgestaltungsaktionen. Erste Maßnahmen fanden auf Veranlassung der sowjetischen Militärmission in Abstimmung mit der britischen Militärregierung bereits unmittelbar nach Ende des Krieges statt. Im Laufe der Jahre wurden die Einzel- und Massengräber immer weiter zusammengefasst, bis sie in den 1960er Jahren ganz eingeebnet wurden. Heute erinnert die Anlage nur noch wenig an einen Friedhof.

---

68 Jens Nagel: Gefallen-Gefangen-Begraben. Zahlen und Fakten zu sowjetischen und deutschen Opfern des Zweiten Weltkriegs und der Nachkriegszeit, in: RIHA Journal 0175 vom 27.6.2017.

Ansicht des verwahrlosten Friedhofs. Noch deutlich zu erkennen: die Grabzeichen auf den Gräbern mit fortlaufender Nummerierung der Sterbefälle. Wietzendorf, Sommer 1945

Staatsarchiv der Russischen Föderation (GARF), Moskau, Bestand P-9526, Fb. 4, Akte 56

Bei Kriegsende befanden sich insgesamt 207 Gräberfelder auf dem Friedhof (inklusive der Reihengräber mit den Einzelbestattungen vom Sommer 1941) – außerdem zwei Einzelgräber mit unbekannten Toten im Norden der Anlage.[69]

Der Friedhof war im Sommer 1945 in einem verwahrlosten Zustand. Das Gelände war mit Pflanzen überwachsen, die Gräber eingesunken und die Aufschriften auf den Kreuzen, vor allem die Namen der einzelnen Bestatteten kaum mehr zu entziffern.

Nachdem britische und sowjetische Militärbehörden das Areal besichtigt hatten, vereinbarten beide Seiten am 5. Oktober 1945, die Anlage instand zu setzen, zu gestalten und ein Ehrenmal für die verstorbenen sowjetischen Soldaten zu errichten.

Ein Arbeitskommando bestehend aus ehemaligen sowjetischen Kriegsgefangenen richtete den Friedhof wieder her: Das Gelände wurde von Unkraut und Heidekraut gesäubert, teilweise gerodet und teilweise mit neuen Bäumen bepflanzt. Darüber hinaus

69 Übergabeprotokoll vom 15. Dezember 1945: Staatsarchiv der Russischen Föderation (GARF), Moskau, Bestand P-9526, Fb. 4, Akte 56 Wietzendorf.

ließ die sowjetische Militärmission Blumenbeete und neue Wege anlegen und den Eingang an der Südseite mit einer Allee und Eingangstoren großzügig gestalten. In der Mitte der Anlage wurde als zentrales Element ein Ehrenmal zum Gedenken an die sowjetischen Opfer errichtet.

Zu den Arbeiten wurden auch deutsche Kriegsgefangene herangezogen. Sie waren in den Baracken des Vorlagers untergebracht. Ihre Aufgabe bestand unter anderem darin, das Lager aufzuräumen und die auf dem Lagergelände geborgenen sterblichen Überreste von Gefangenen auf den Friedhof umzubetten sowie bei der Instandsetzung desselben mitzuhelfen.[70]

Noch vor der feierlichen Einweihung des Ehrenmals übergaben die sowjetischen Militärbehörden den Friedhof in die Obhut der Gemeinde Wietzendorf. Pflege und Instandhaltung der Anlage oblagen nun der Gemeindeverwaltung.

Am 19. Dezember 1945 wurde das Ehrenmal mit einem feierlichen Akt eingeweiht. Der britische General Erskine nahm gemeinsam mit dem sowjetischen Major Drosdow die Enthüllung des Ehrenmals vor. Eine sowjetische Militärkapelle gestaltete den musikalischen Rahmen.

Für die Betreuung des Kriegsgefangenenfriedhofes in Wietzendorf war ab 1946 der Bezirksverband Lüneburg des Volksbundes Deutsche Kriegsgräberfürsorge (VDK) zuständig. Bereits im August 1945 hatte der VDK mit Genehmigung der britischen Militärregierung die Arbeit wieder aufgenommen, zunächst auf deutsche Soldatengräber im Inland beschränkt. Im April 1946 wurde die Arbeitsgenehmigung für die britische Zone auch auf die Betreuung der Grabstätten der ausländischen Toten ausgeweitet.

70 Sonntagsbeilage der „Böhme-Zeitung" Nr. 18/1995: Archiv „Heimatverein Peetshof Wietzendorf e.V." 04.05.02

Der Friedhof

Blick auf das Areal mit den Einzelgräbern, die im Zuge der Instandsetzung zusammengelegt und eingefasst wurden. Daran angrenzend weitere Einzelgräber, die noch jeweils mit einem Grabzeichen versehen sind.

Wietzendorf, Dezember 1945

Staatsarchiv der Russischen Föderation (GARF), Moskau, Bestand P-9526, Fb. 4, Akte 56

Aus dem Protokoll zur Übergabe des Kriegsgefangenenfriedhofes an die Gemeinde Wietzendorf durch die sowjetische und britische Militärverwaltung vom 15. Dezember 1945:

„Der Friedhof umfasst eine Fläche von 24.000 qm. Seine Westseite ist nach der Straße Wietzendorf – Munster gelegen. [...] Sämtliche Grabflächen sind mit Ornamenten aus Grünpflanzen und Steinen verziert. Der gesamte Friedhof ist durch Wege in verschiedene Sektoren geteilt. Die Fläche des Friedhofs ist vollkommen abgeschlossen durch einen Maschendrahtzaun, Höhe 1,2 m, der an Betonpfosten angebracht ist.

In der Mitte des Friedhofes, auf dem Platz, ist ein Denkmal errichtet worden. Auf eines der Blumenbeete ist in Form des Staatswappens der Sowjet-Union ein Steinornament gefügt worden.

Der Eingang des Friedhofes besteht aus zwei Ziegelsteinpfeilern, einem Haupttor und zwei Seitenpforten.

Den Eingang bildet eine breite, mit Bäumen bepflanzte Allee. Am Anfang der Allee sind zu beiden Seiten Betonfundamente aufgestellt, in denen sich zwei Platten aus Serpolit-Stein mit der Aufschrift befinden: Friedhof der sowjetischen Kriegsgefangenen. Eine dieser Platten trägt die Aufschrift in russischer Sprache, die andere in englischer und deutscher Sprache. Vor dem Friedhofseingang liegt ein mit Betonpfeilern eingefasster, bepflanzter Platz. Der von der Straße Wietzendorf-Munster zum Friedhof führende Weg ist 4,5 m breit."

Staatsarchiv der Russischen Föderation (GARF), Moskau, Bestand P-9526, Fb. 4, Akte 56

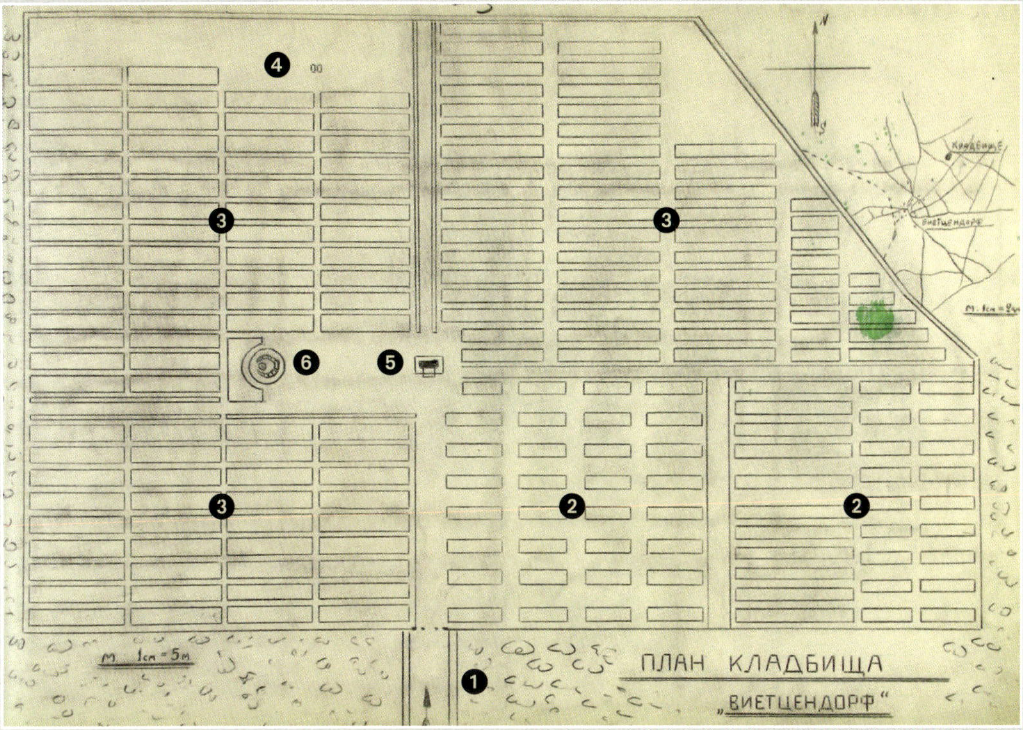

Plan des Kriegsgefangenenfriedhofs in Wietzendorf nach der Instandsetzung durch die sowjetische Militärmission, Dezember 1945.

Staatsarchiv der Russischen Föderation (GARF), Moskau, Bestand P-9526, Fb. 4, Akte 56

1 Zuwegung vom Lager, historischer Eingang über den Truppenübungsplatz
2 Bereich der Einzelgräber 1941
3 Massengräber
4 unbekannte Einzelgräber
5 sowjetisches Ehrenmal
6 Blumenbeet mit Steinornament in Form des sowjetischen Staatswappens

Der neu gestaltete Eingangsbereich mit Blick auf das sowjetische Ehrenmal, Dezember 1945.

Staatsarchiv der Russischen Föderation (GARF), Moskau, Bestand P-9526, Fb. 4, Akte 56

Das Ehrenmal

Wietzendorf,
19. Dezember 1945:

Generalmajor Erskine hält vor dem noch verhüllten Ehrenmal eine Rede.

Staatsarchiv der Russischen Föderation (GARF), Moskau, Bestand P-9526, Fb. 4, Akte 56

Aus dem Protokoll zur Übergabe des Kriegsgefangenenfriedhofes an die Gemeinde Wietzendorf durch die sowjetische und britische Militärverwaltung vom 15. Dezember 1945:

„Das Denkmal besteht aus hellem Serpolit-Stein und ist auf einem Sockel in der Mitte des Friedhofes aufgestellt. Es erhebt sich auf einem Betonfundament von 1,2 m Tiefe. Auf zwei Seiten des Denkmals ist aus Serpolit-Stein ein fünfeckiger Stern angebracht. Das Denkmal ist 4,6 m hoch, 1,7 m breit und 0,5 m tief.

In die Vorderseite des Denkmals, mit der Front zum Eingang sind die Buchstaben eingehauen: U.d.S.S.R., umrankt von zwei Eichenästen, in russischer Sprache beschriftet; es befindet sich außerdem ein mit zwei Karabinern verzierter Helm und das Datum 1941–1943 darauf. Auf der Rückseite des Denkmals befindet sich eine Inschrift in englischer und deutscher Sprache".

Die Inschrift auf dem Ehrenmal lautet:

„HIER SIND BEGRABEN 16.000 IN DEUTSCH-FASCHISTISCHER GEFANGENENSCHAFT ZUM TOD GEMARTERTE UND ERSCHOSSENE KRIEGSGEFANGENE"

Staatsarchiv der Russischen Föderation (GARF), Moskau, Bestand P-9526, Fb. 4, Akte 56

Wietzendorf,
19. Dezember 1945:

Major Drosdow erweist den Opfern militärisch die letzte Ehre.

Staatsarchiv der Russischen Föderation (GARF), Moskau, Bestand P-9526, Fb. 4, Akte 56

Wietzendorf,
Dezember 1945:

Sowjetische und britische Soldaten vor dem Ehrenmal. Vorn zwei Zivilistinnen, wahrscheinlich ehemalige sowjetische Zwangsarbeiterinnen.

Staatsarchiv der Russischen Föderation (GARF), Moskau, Bestand P-9526, Fb. 4, Akte 56

Mit Beschluss des Rates der Außenminister in Moskau vom 23. April 1947 ging die Instandhaltung und Pflege der Grabanlagen der sowjetischen und aller anderen Bürger_innen der Vereinten Nationen generell in die Verantwortung der deutschen Behörden über. Diese kamen ihrer Verpflichtung aber offenbar nur zögerlich oder gar nicht nach: Nachdem zahlreiche Beschwerden der sowjetischen Militärmission wegen des verwahrlosten Zustandes vieler Grabstätten sowjetischer Opfer bei der britischen Militärregierung eingegangen waren, forderte diese im Februar 1948 die zuständigen britischen Behörden auf, gegenüber den deutschen Gemeinden mehr Druck auszuüben, damit diese die ihnen übertragenen Aufgaben hinsichtlich Pflege und Instandhaltung erfüllten.

Auch die Friedhofsanlage in Wietzendorf befand sich 1947 in einem ziemlich heruntergekommenen Zustand - im Dezember 1947 leitete der Bezirksverband Lüneburg des VDK deshalb erste Maßnahmen für eine Ausgestaltung des Areals ein. Da für 1948 die Besichtigung des Friedhofs durch eine sowjetische Delegation erwartet wurde, wollte man möglichst zügig beginnen. Am 25. März 1948 musste der Bezirksverband Lüneburg gegenüber dem Kreisverband in Soltau allerdings erneut die Dringlichkeit der Maßnahmen anmahnen: „Die Mil.Reg. hat den Bzv. Lüneburg für die umgehende Instandsetzung sämtlicher Ausländer-Grossanlagen verantwortlich gemacht. Es ist deshalb notwendig, die Angelegenheit Wietzendorf sofort in Angriff zu nehmen."[71] Probleme bei der Instandsetzung und Pflege des Kriegsgefangenenfriedhofs bereitete der Umstand, dass sich die Anlage auf dem nun von den Briten genutzten Truppenübungsplatz Munster und nur etwa 150 m von einem Schießplatz entfernt befand. Der Zutritt war nur mit Genehmigung des britischen Militärs gestattet und während des Scharfschießens grundsätzlich verboten. Um eine langfristige Pflege zu gewährleisten, forderte der VDK eine generelle Genehmigung zum Betreten der Grabanlagen.

Am 15. April 1948 besichtigten der VDK und die durch diesen beauftragten Landschaftsarchitekten Görres & Braune aus Hamburg den Friedhof - die britische Militärregierung drängte auf Ausbau und Fertigstellung der Anlage. Die Planungen der Landschaftsarchitekten sahen die Zusammenfassung von je drei Grabreihen

---

71 Kreisarchiv Heidekreis, Bad Fallingbostel, Acc. Sol. Nr. 737.

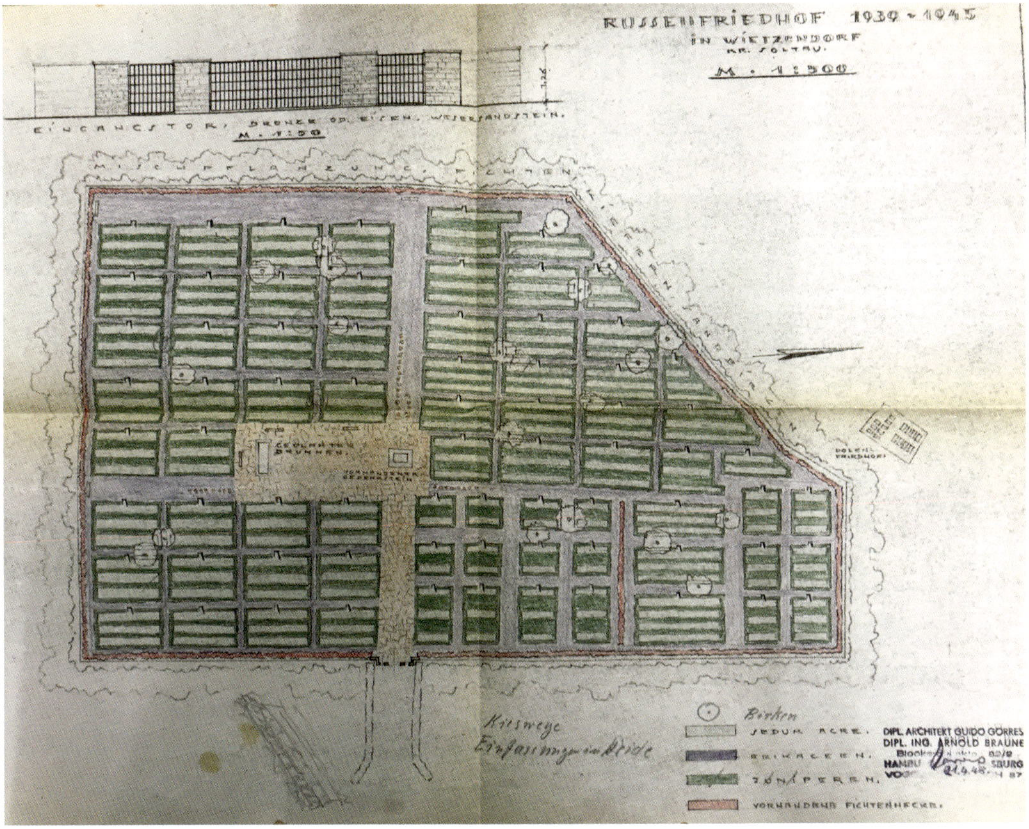

Entwurf der Landschaftsarchitekten Görres & Braune für den sowjetischen Kriegsgefangenenfriedhof Wietzendorf vom 21. April 1948.

NLA-Abteilung Hannover, Nds. 120 Lüneburg Acc. 46/79 Nr. 17

vor. Außerdem sollte der zum sowjetischen Ehrenmal führende Hauptweg einen Plattenbelag erhalten und Bepflanzung die Umzäunung aus Maschendraht verdecken. Die Architekten planten außerdem den Ersatz des bisherigen Betonpfahltores durch ein Tor aus Bronze oder Schmiedeeisen zwischen Wesersandsteinpfeilern. Der Platz beim Ehrenmal sollte durch einen Brunnen und Ruhebänke aus Sandstein gestaltet werden.

Ende April 1948 war die Geduld der Militärregierung gegenüber den deutschen Behörden offenbar erschöpft: Der britische Militärgouverneur wies den niedersächsischen Ministerpräsidenten persönlich auf die Missstände auf den Friedhöfen mit ausländischen Toten hin und ordnete die unverzügliche Restaurierung der Friedhofsanlagen bis zum 31. Juli 1948 an. Britische Beamte und die Verbindungsoffiziere des jeweiligen Staates sollten die Umsetzung überprüfen und Fotos sowie Berichte an das britische Hauptquartier übermitteln. Außerdem wurden die zuständigen deutschen Stellen

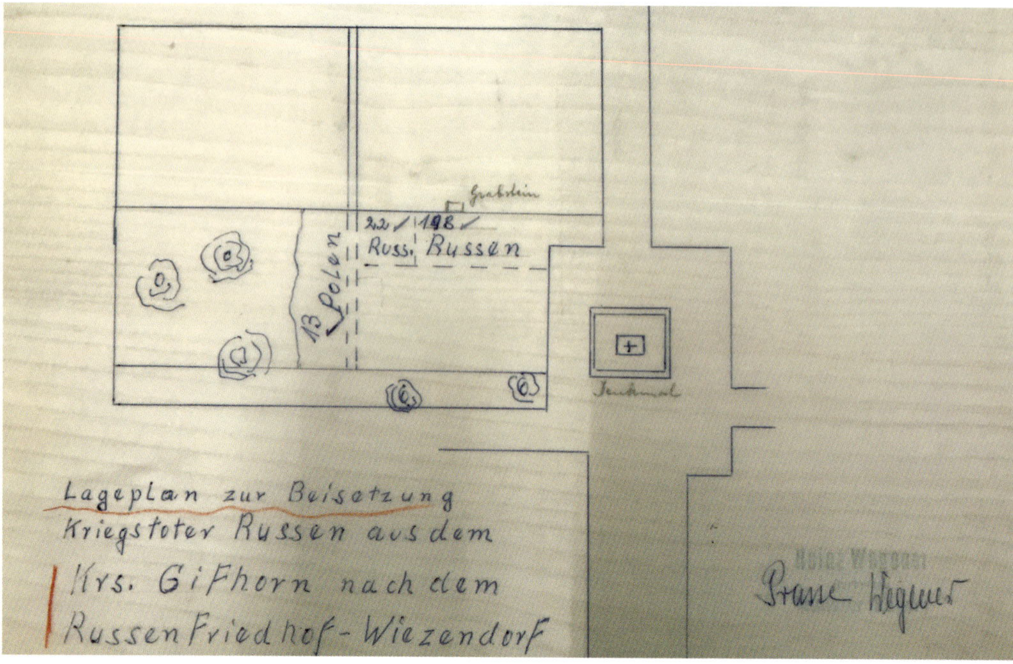

Zeichnung der Gartenbaufirma Wegener, die im Auftrag des Regierungspräsidenten in Lüneburg die Umbettung der sowjetischen und polnischen Toten aus der Stadt und dem Landkreis Gifhorn vorgenommen hat.
Datierung unbekannt, vermutlich Ende 1959/ Anfang 1960

NLA-Abteilung Hannover, Nds. 120 Lüneburg Acc. 46/79 Nr. 223

aufgefordert, halbjährliche Berichte über den Zustand der jeweiligen Friedhöfe einzusenden.

Am 26. April 1948 begann die Gärtnerei Reetz mit den Arbeiten auf dem Kriegsgefangenenfriedhof in Wietzendorf. Kurz darauf sollte auch die Gartenbaufirma Brockmann nach den Plänen der Landschaftsarchitekten Görres & Braune die Umgestaltungs- und Baumaßnahmen aufnehmen. Die Firma Brockmann war außerdem beauftragt worden, die noch erkennbaren Namen auf den Grabzeichen der Einzelgräber aufzuzeichnen und einen Belegungsplan herzustellen. Darüber hinaus waren 400 neue Grabzeichen aus Holz für die noch vorhandenen Einzelgräber und 100 Grabzeichen für die Massen- bzw. Reihengräber geplant.[72] Am 19. August 1948 zeigte sich die sowjetische Abordnung bei der Besichtigung des Friedhofs schließlich sehr zufrieden. Es wurde lediglich der Wunsch geäußert, die Namen und die Nummerierungen auf den Grabzeichen zu registrieren, um eine spätere Identifizierung zu ermöglichen.[73]

72 NLA-Abteilung Hannover, Nds. 120 Lbg. Acc. 46/79 Nr. 17.

73 Ob die Behörden dem nachkamen, bleibt offen – entsprechende Maßnahmen und Ergebnisse sowie Belegungspläne sind nicht überliefert.

1959 wurden aus dem Landkreis und der Stadt Gifhorn insgesamt 233 sowjetische und polnische Tote auf den Friedhof umgebettet. Im Januar 1960 kamen nochmals 16 unbekannte Tote hinzu: Im Dezember 1959 hatte der Regierungspräsident in Lüneburg der Gartenbaufirma Wegener den Auftrag erteilt, „die außerhalb der Einzäunung ruhenden 16 russischen Kriegstoten [...] auf den Russenfriedhof Wietzendorf umzubetten."[74] 1962 ließ der Lüneburger Regierungspräsident für diese Opfer Grabzeichen errichten – darunter drei Stelen mit den Personalien von 19 namentlich bekannten Toten.

Umfassende Neugestaltung in den 1960er Jahren

Im Mai 1963 wandte sich ein Vertreter der Botschaft der UdSSR in Bonn wegen des schlechten Zustandes des Friedhofes in Wietzendorf an den Landkreis Soltau, insbesondere wegen schadhafter Stellen am sowjetischen Ehrenmal. In diesem Zusammenhang suchte er auch die Geschäftsstelle des Landesverbands des VDK in Hannover auf. Zuvor hatte er mit dem Auftrag, sich über den Zustand der sowjetischen Grabstätten in der Bundesrepublik Deutschland zu informieren, bereits verschiedene Kriegsgräberstätten bereist. Dieser Besuch eines „sowjetischen Beamten" löste bei den zuständigen Stellen im Niedersächsischen Innenministerium zahlreiche Irritationen aus – unter anderem stellte sich die Frage, ob „es den geltenden Gepflogenheiten entspräche", dass diplomatische Vertreter anderer Staaten ohne Einbeziehung des Auswärtigen Amtes im Bundesgebiet reisen und außerdem mit örtlichen Dienststellen (hier VDK) direkt verhandeln dürften.[75] Das Auswärtige Amt antwortete, dass Angehörige der Botschaften 48 Stunden vor Antritt einer Reise diese lediglich anzuzeigen hätten, ohne Benennung des Reisegrundes. In diesem Zusammenhang bat das Auswärtige Amt – ausdrücklich mit Blick auf die deutschen Gräber in der Sowjetunion – allen sowjetischen Diplomaten auf Wunsch Informationen und Unterstützung zukommen zu lassen. Dabei sei darauf hinzuweisen, dass die Bundesrepublik Deutschland die sowjetischen Kriegsgräber mit

74 NLA-Abteilung Hannover, Nds. 120 Lbg Acc. 103/86 Nr. 31.

75 Niedersächsisches Ministerium für Inneres und Sport, 199112/14, Bd. 1 „Russische Kriegsgräber in Niedersachsen, hier: Wietzendorf-Soltau".

Zuwegung zur Kriegsgräberstätte Wietzendorf: Teilnehmer_innen auf dem Weg zur Gedenkfeier des Landesverbandes Niedersachsen der VVN am 1. Oktober 1967.
NLA-Abteilung Hannover, Nds. 120 Lüneburg Acc. 103/86 Nr. 30

gleicher Sorgfalt wie alle anderen Gräber pflegen würde und ein ungehinderter Zugang bestehe, obwohl ein solcher zu deutschen Gräbern in der Sowjetunion noch immer versagt sei. Am 27. September 1963 führte das Auswärtige Amt in einem Schreiben an das Niedersächsische Innenministerium weiter aus: „Das Auswärtige Amt benützt jede Einweihung von Friedhöfen für sowjetische Kriegstote, der sowjetischen Botschaft von den laufenden deutschen Vorleistungen dieser Art Kenntnis zu geben, um dem Volksbund Deutsche Kriegsgräberfürsorge ein Tätigwerden in der Sowjetunion zu ermöglichen."[76]

Erst drei Monate nach dem Besuch des Botschaftssekretärs besichtigte der VDK den Friedhof und kam zu dem Ergebnis, dass sich die Anlage bis auf notwendige Nachbesserungen im gärtnerischen Bereich in einem zufriedenstellenden Zustand befinde. Allerdings, so der VDK, müssten verschiedene Instandsetzungsarbeiten am

76 Ebd.

Blick über den Friedhof: Die Gräberfelder sind überwuchert, die Grabhügel kaum mehr auszumachen. Wietzendorf, Oktober 1967

NLA-Abteilung Hannover, Nds. 120 Lüneburg Acc. 103/86 Nr. 30

Ehrenmal durchgeführt werden. Drei Jahre später entschieden Landschaftsarchitekten und VDK schließlich, dass allein die Pflege der Anlage zukünftig nicht mehr ausreichen würde; nötig sei eine generelle Instandsetzung des Friedhofes, auch um durch entsprechende Umgestaltung des Geländes die Unterhaltungskosten zu minimieren. Um zu verhindern, dass wie bisher Militärfahrzeuge das Gelände befahren, sollte außerdem ein Wall errichtet werden, um den Friedhof zu schützen. Im Oktober 1966 begannen erste Planungen. Diese sahen unter anderem vor, die Gräberreihen zwecks einfacherer und kostengünstigerer Pflege zu planieren, um die Fläche zukünftig maschinell bearbeiten zu können:

„Der rd. 1,5 ha große Ausländerfriedhof Wietzendorf soll so umgestaltet werden, dass eine schlichte, der Landschaft angepasste Anlage entsteht, die in einfacher Weise gepflegt werden kann. Dazu ist es notwendig, den Bestand an Einzelbäumen auf der Fläche erheblich zu verringern, die großflächig angelegten Rosenpflanzungen und alle übrigen standortfremden Gehölze zu entfernen und das Wegenetz wesentlich zu vereinfachen. [...]

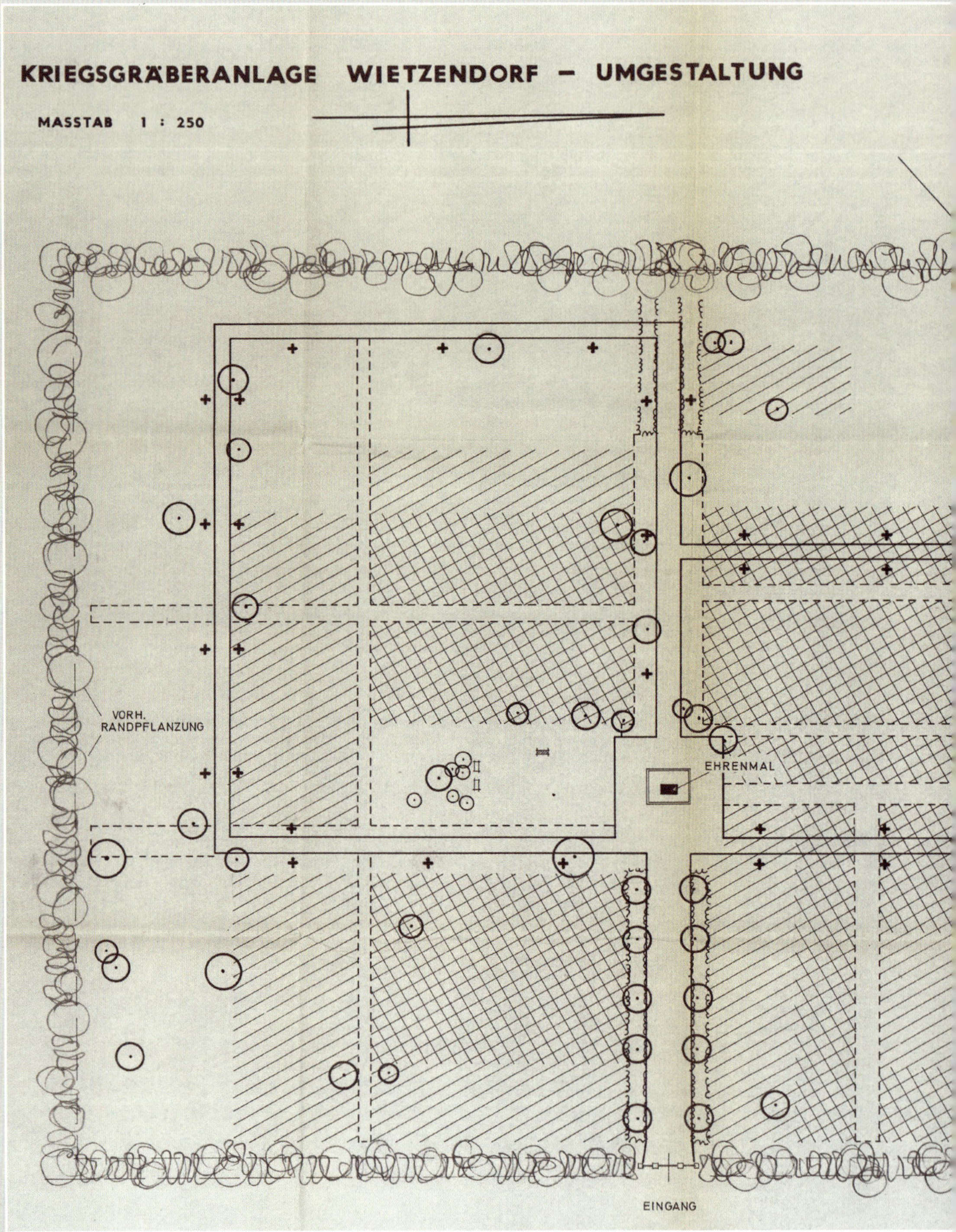
KRIEGSGRÄBERANLAGE WIETZENDORF – UMGESTALTUNG
MASSTAB 1 : 250
VORH.
RANDPFLANZUNG
EHRENMAL
EINGANG

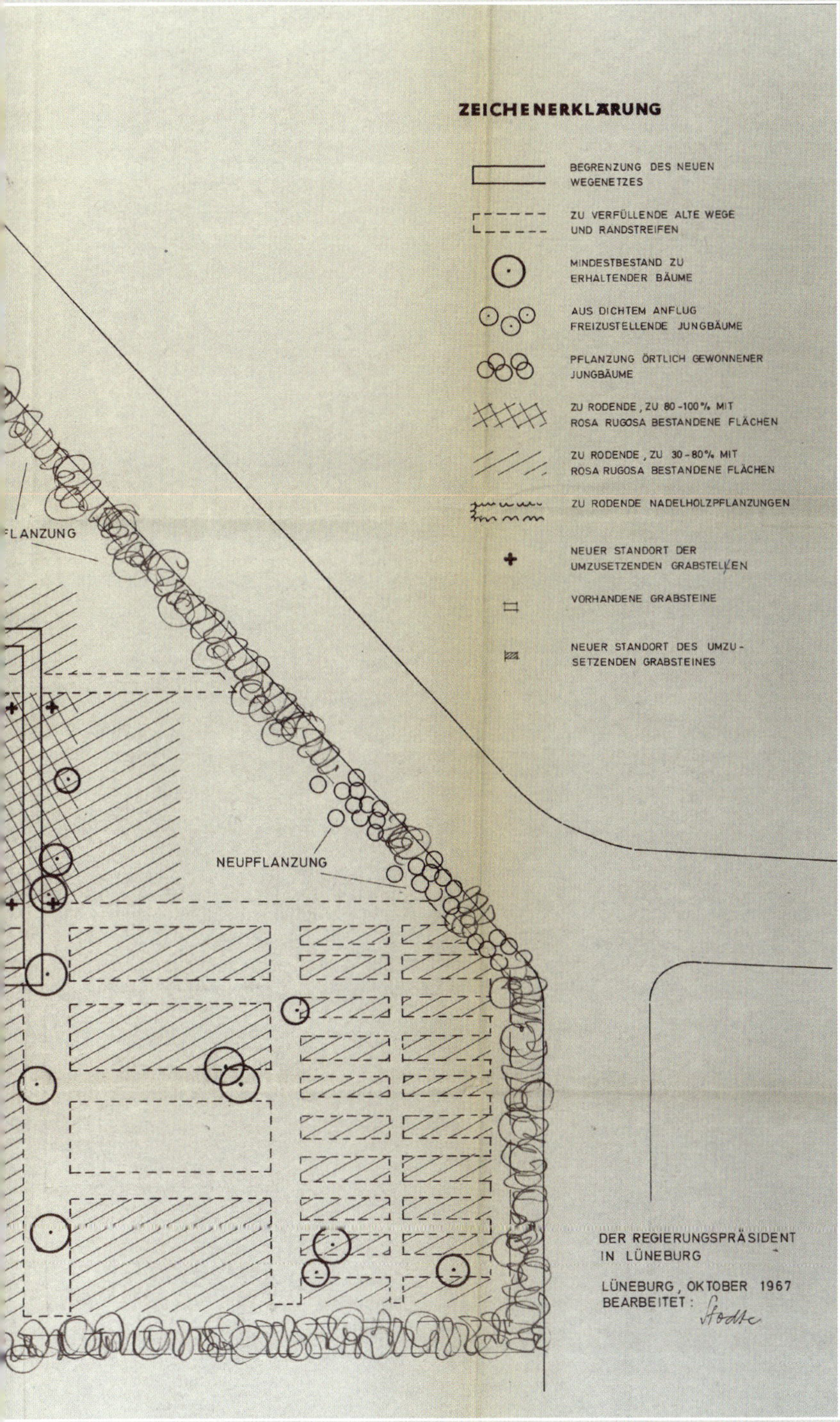

Plan der Bezirksregierung Lüneburg mit den vorgesehenen Umgestaltungsmaßnahmen für den Kriegsgefangenenfriedhof Wietzendorf, Oktober 1967.

NLA-Abteilung Hannover, Nds. 120 Lbg. Acc. 103/86 Nr. 30

Für die weitere Entwicklung der Anlage ist es notwendig, dass die gesamte Fläche ohne Schwierigkeiten maschinell gemäht werden kann."[77]

Während der Planungsphase führte der Zustand des Friedhofes immer wieder zu Beschwerden und im Herbst 1967 sogar zu diplomatischen Verwicklungen und politischen Auseinandersetzungen. Auf Initiative des Landesverbandes Niedersachsen der Vereinigung der Verfolgten des Naziregimes (VVN) fand am 1. Oktober 1967 eine Gedenkfeier auf dem Kriegsgefangenenfriedhof Bergen-Belsen unter Beteiligung einer sowjetischen Delegation statt, darunter „Vertreter der Kriegsveteranen und Deportierten der Sowjetunion", Vertretungen aus Frankreich, Belgien, Polen und der DDR, sowie 1.500 Teilnehmenden aus Niedersachsen und Hamburg. Am selben Tag wurden auch Kränze auf dem Friedhof in Wietzendorf niedergelegt. Im Anschluss beschwerten sich Besucher der Veranstaltung und der Landesverband der VVN bei der Landesregierung und dem Regierungspräsidenten in Lüneburg. In dem Schreiben an die Staatskanzlei in Hannover hieß es:

„Kurz vor dem Lagergelände[78] stießen wir auf eine Warntafel, die das Gebiet als Schießplatz der Engländer auswies und das Betreten untersagte. Einige hundert Meter weiter fanden wir den Friedhof. Massengrab reihte sich an Massengrab, jedes durch einen Stein gekennzeichnet; z.T. existierte noch der Drahtzaun. Insgesamt sah der Friedhof ziemlich vernachlässigt aus und nicht so, als ob ihn irgendjemand in seine Obhut genommen hätte. [...] Wir fanden einen völlig verwahrlosten Friedhof vor. Die Gräber sind von Hagebuttenstauden und anderem Gewächs überwuchert und kaum noch als solche zu erkennen. Die Wege zwischen den Gräbern sind zugewachsen und nur mit Mühe auszumachen. Auf beiden Steinen am Eingang des Friedhofs, auf denen die Inschrift ´Russischer KGF-Friedhof 1941-1943´ sowie das Emblem der UdSSR eingemeißelt ist, ist der Stern mit Hammer und Sichel kreuzweise durchgeritzt."[79]

---

77 Schreiben des Regierungspräsidenten in Lüneburg an den Niedersächsischen Minister des Inneren vom 26.1.1968 in: Niedersächsisches Ministerium für Inneres und Sport, 199112/14, Bd. 1 „Russische Kriegsgräber in Niedersachsen, hier: Wietzendorf-Soltau".

78 Gemeint ist hier vermutlich der Truppenübungsplatz („Munsterlager").

79 NLA-Abteilung Hannover, Nds. 120 Lbg. Acc. 103/86 Nr. 27; Niedersächsisches Ministerium für Inneres und Sport, 199112/14, Bd. 1 „Russische Kriegsgräber in Niedersachsen, hier: Wietzendorf-Soltau".

Kurz darauf verbreitete die sowjetische Nachrichtenagentur TASS eine Meldung über den Zustand sowjetischer Kriegsgräberanlagen in Niedersachsen und erhob den Vorwurf der Schändung des Andenkens sowjetischer Soldaten durch die restlose Verödung der Anlagen. Nach seinem Besuch in der Lüneburger Heide schrieb der sowjetische Journalist W. Kusnezow einen Brief an die Lüneburger Landeszeitung: Er sei betroffen gewesen über den unwürdigen Zustand des Friedhofs in Wietzendorf. „Man kann an diesem Friedhof in einigen Metern Entfernung vorbeigehen ohne ihn zu bemerken, denn er ist völlig verwahrlost. Die kaum zu erkennenden Gräber sind mit Sträuchern überwachsen, auf den Wegen dazwischen wuchert das Unkraut."[80] Die Lüneburger Landeszeitung griff den Brief in einem Artikel vom 22./23. November 1967 auf und schrieb: „Während die Friedhöfe in Oerbke und Lohheide in Ordnung sind und zum Teil durch den Volksbund Deutsche Kriegsgräberfürsorge dank der Hilfe internationaler Jugendlager in würdigem Zustand gehalten werden konnten, sind Kusnezows Eindrücke vom trostlosen Zustand des Wietzendorfer Friedhofs leider richtig."[81]

Im Sommer 1968 wurden die Umgestaltungs- und Instandsetzungsarbeiten schließlich abgeschlossen. Im Gegensatz zu den Kriegsgefangenenfriedhöfen in Bergen-Belsen und Oerbke blieb das im Dezember 1945 eingeweihte sowjetische Ehrenmal unverändert an Ort und Stelle. Sowohl in Bergen-Belsen als auch in Oerbke waren die Ehrenmale im Zuge der Umgestaltungsmaßnahmen in den 1960er Jahren auf dem Gelände an eine entlegene Stelle versetzt bzw. wegen angeblicher Baufälligkeit abgetragen und durch ein deutsches Denkmal mit neutraler Symbolik an zentraler Stelle ersetzt worden.[82]

Die Gestaltung des Friedhofes entspricht bis heute im Wesentlichen den durchgeführten Maßnahmen aus den 1960er Jahren. Bei den Überlegungen zur Umgestaltung des Kriegsgefangenenfriedhofes zogen die Verantwortlichen allerdings nicht in Erwägung auch den Eingang zu verlegen, um eine freie Zugänglichkeit der Anlage zu gewährleisten. Planungen hierfür setzten erst 1989, mehr als zwanzig Jahre später, ein. Im Rahmen eines vom

80 NLA-Abteilung Hannover, Nds. 120 Lbg. Acc. 103/86 Nr. 30.

81 Ebd.

82 Niedersächsisches Ministerium für Inneres und Sport, 199112/14, Bd. 1, „Russische Kriegsgräber in Niedersachsen, hier: Wietzendorf-Soltau".

Teilnehmer_innen des Internationalen Jugend-Workcamps bei der Reinigung einer der beiden Stelen im historischen Eingangsbereich der Friedhofsanlage, Sommer 1990.

Archiv Viola Hauschild, Historisches Museum Hannover

Die Jugendlichen bei der Anlage der neuen Zuwegung, Sommer 1990.

Archiv Viola Hauschild, Historisches Museum Hannover

VDK-Landesverband Niedersachsen veranstalteten Internationalen Jugend-Workcamps mit 28 Jugendlichen aus der UdSSR, Polen und der DDR in der Zeit vom 17. Juli bis zum 1. August 1990 wurde das Anliegen umgesetzt. Darüber hinaus reinigten die Jugendlichen den Friedhof von angesammelten Unrat, säuberten Grabzeichen und das Ehrenmal. Seit Sommer 1990 ist die am Rand des Militärgeländes gelegene Begräbnisstätte über einen rückwärtigen Eingang jederzeit zugänglich.

Die Gräber der italienischen Militärinternierten

Im Herbst 1943 wurden im Zweiglager Wietzendorf des Stalag X B Sandbostel binnen weniger Wochen zehntausende italienische Militärinternierte aufgenommen. Nach zumeist kurzem Aufenthalt wurden sie in Arbeitskommandos in Norddeutschland weitergeleitet. Im Revier des Lagers starben im Laufe des Oktobers 1943 sechs Italiener, die gemäß der Vorgabe des OKW, für die verschiedenen Nationalitäten getrennte Bestattungsflächen auszuweisen, auf einer eigens angelegten Friedhofsanlage am Rande des „Russenfriedhofes" in Wietzendorf beigesetzt wurden. Am 13. und 17. April 1945 wurden zwei italienische Offiziere zugebettet. Jedes Grab wurde mit einem kleinen Holzkreuz versehen. 1948 erfolgte die Umbettung der acht Toten auf die Kriegsgräberstätte Munster. Von dort wurden zwei der acht Toten später in ihre Heimat nach Italien überführt, die anderen sechs 1958 auf die zentrale italienische Ehrenanlage für Norddeutschland in Hamburg-Öjendorf umgebettet. Diese war aufgrund des deutsch-italienischen Kriegsgräberabkommens vom 22. Dezember 1955 eingerichtet worden, das eine Zusammenbettung der italienischen Toten auf drei große Kriegsgräberstätten in der Bundesrepublik vorsah.

Plan der italienischen Grabstätten in der Nähe des Friedhofs des Stalag X D (310) Wietzendorf, am Eingang zum Truppenübungsplatz gelegen, vermutlich 1947.

Kreisarchiv Heidekreis, Bad Fallingbostel, Acc. Sol. Nr. 737

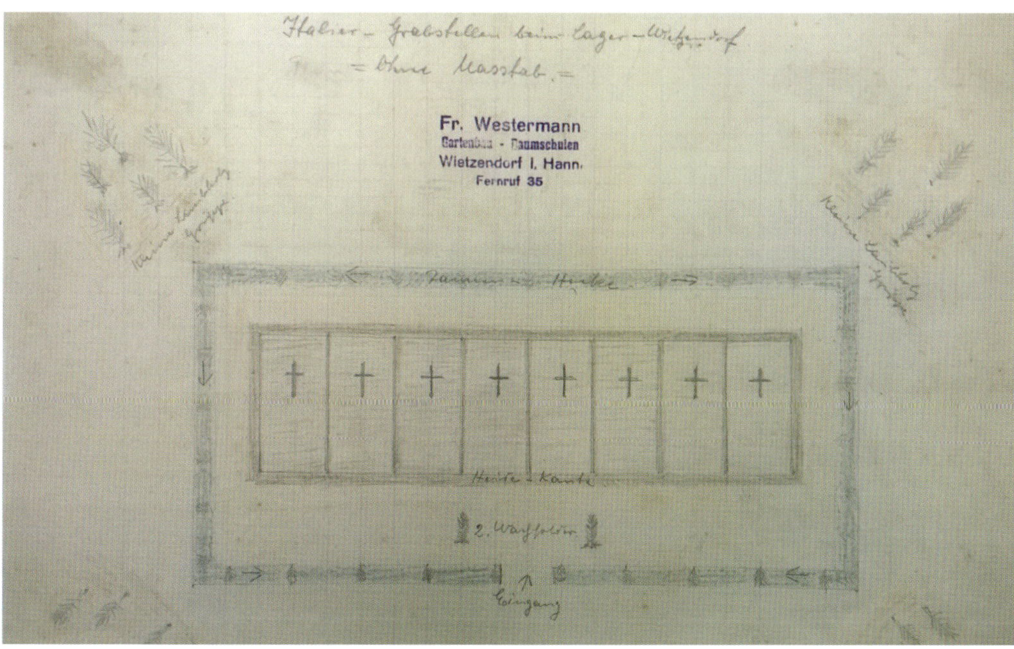

Die italienische Abteilung auf dem Friedhof der Kirchengemeinde in Wietzendorf, 1948.

NLA-Standort Hannover, Nds. 120 Lüneburg Acc. 46/79 Nr. 17

Im Vordergrund das Grab von Hauptmann Renato Burello; er starb am 20. Februar 1945 im Oflag 83 Wietzendorf.

Istituto Storico Toscano della Resistenzas e dell´Età contemporanea, Sammlung Mercatali, Florenz
Die Inhaber_innen der Urheberrechte konnten von den Herausgebern nicht ermittelt werden. Sie werden gebeten sich ggfls. mit der Stiftung niedersächsische Gedenkstätten in Verbindung zu setzen.

Skizzen der Landschaftsarchitekten Görres & Braune aus Hamburg für die Ausgestaltung der italienischen Anlage auf dem Friedhof der Kirchengemeinde in Wietzendorf, 1947/1948.

Die Planungen sahen einen direkten Zugang von außen auf die Gräberanlage vor. Diese sollte im Ganzen erweitert und durch Anpflanzung einer Hecke zur Friedhofskapelle hin abgegrenzt werden.

NLA-Abteilung Hannover, Nds. 120 Lüneburg Acc. 46/79 Nr. 17

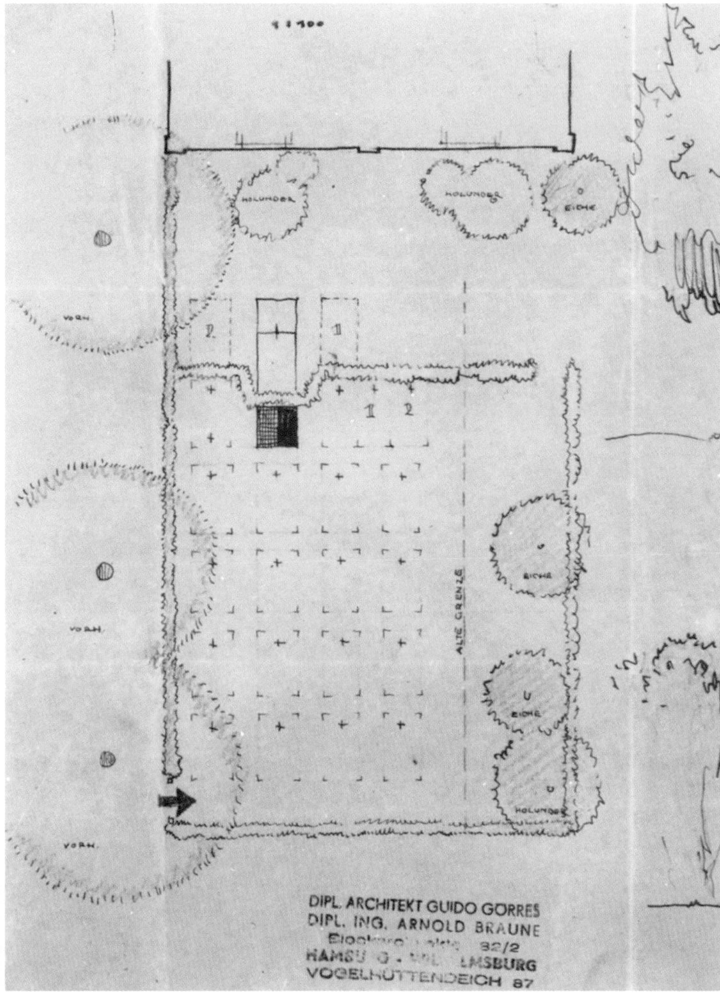

Das Gräberfeld des Oflag 83 befand sich auf dem Friedhof der Kirchengemeinde in Wietzendorf. Es handelte sich um eine Abteilung mit neunzehn Grabstätten italienischer Militärinternierter und um das Grab eines französischen Offiziers: Raymond Barba, französischer Militärgeistlicher, war im März 1945 zusammen mit einer Gruppe französischer Kriegsgefangener aus Arnswalde im Oflag 83 eingetroffen. Er starb am 20. März 1945.

Am 4. Mai 1950 berichtete der Friedhofsinspektor O. Rietz, dass er zwei Tage zuvor von einem italienischen Offizier aufgesucht und gebeten worden sei, die Exhumierung von zwei italienischen Offizieren vorzunehmen, die 1945 in Wietzendorf verstorben waren. „Aufgrund dieser Bitte begab ich mich mit diesem Offizier zur Grabstätte der auszugrabenden Leichen und nahm noch am gleichen Abend unter Mithilfe von zwei weiteren Personen, die ich inzwischen benachrichtigt hatte, die Ausgrabungen vor. Die ausgegrabenen Leichen wurden noch am gleichen Abend für die Nacht in der Friedhofskapelle untergebracht, um am anderen Morgen die Umbettung der Leichen in besonders dazu gefertigte Särge vorzunehmen. [...] Die Umbettung war erforderlich, um die Überführung der Leichen in ihr Heimatland möglich zu machen. Die Überführung wurde von einer italienischen Überführungskommission durchgeführt, deren Wagen die Beschriftung ´Italienische Kriegsgefallene´ trug."[83]

1958 wurde die italienische Abteilung wie alle anderen italienischen Grabstätten in Niedersachsen aufgelöst und die Toten auf die Kriegsgräberstätte Hamburg-Öjendorf umgebettet. Der französische Offizier war zuvor bereits nach Frankreich überführt worden.

83 Kreisarchiv Heidekreis, Bad Fallingbostel, Acc. Sol. Nr. 275.

Erinnerungskultur

In der Bundesrepublik gab es bis in die 1980er Jahre kaum eine Auseinandersetzung mit der Geschichte und dem Schicksal der sowjetischen Kriegsgefangenen im Zweiten Weltkrieg. Die Erinnerung an den Vernichtungskrieg in der Sowjetunion und an die sowjetischen Opfer war in den ersten Jahrzehnten nach dem Krieg verdrängt oder zumindest stark ideologisch geprägt und verhinderte eine angemessene Erinnerungskultur. Das eigene Leid, die Ausweitung des Ost-West Konflikts zum „Kalten Krieg" und die ungeklärten Schicksale deutscher Kriegsgefangener und Gefallener in der Sowjetunion förderten lange Zeit die Verdrängung von Schuld und Verantwortung am millionenfachen Tod der sowjetischen Kriegsgefangenen in deutschem Gewahrsam. Auch das Schicksal der italienischen Militärinternierten war in der deutschen Erinnerungskultur kaum präsent. Im November 2008 wurde eine deutsch-italienische Historiker_innenkommission eingesetzt, um die gemeinsame Kriegsvergangenheit aufzuarbeiten.

Lokales Gedenken

In Wietzendorf entwickelte sich ein öffentliches Gedenken an die Opfer erst lange Zeit nach Kriegsende: Rückten in der lokalen Erinnerungskultur Mitte der 1980er Jahre zunächst das Oflag 83 und die italienischen Gefangenen in den Fokus des Gedenkens, begann die Auseinandersetzung mit dem Schicksal der sowjetischen Kriegsgefangenen Anfang der 1990er Jahre. In den Jahrzehnten zuvor war es vor allem die VVN, die regelmäßig Gedenkveranstaltungen auf der Kriegsgräberstätte organisierte und mit internationalen Gästen durchführte. Eine dieser Veranstaltungen fand 1969 aus Anlass des 24. Jahrestages der Befreiung der Kriegsgefangenenlager in Wietzendorf, Oerbke und Bergen-Belsen statt. In diesem Zusammenhang besuchte auf Einladung der VVN Hamburg wahrscheinlich zum ersten Mal ein ehemaliger Gefangener des Stalag X D (310) Wietzendorf den Friedhof: Mark Tilewitsch arbeitete nach der Gründung des sowjetischen Kriegsveteranenverbandes im Jahr 1956 ehrenamtlich in der Sektion der ehemaligen Kriegsgefangenen und KZ-Häftlinge.

Gemeinsame Kundgebung und Kranzniederlegung der VAN Hamburg und der VVN Niedersachsen aus Anlass des 50-jährigen Bestehens der Sowjetunion am Ehrenmal auf der Kriegsgräberstätte in Wietzendorf, 5. November 1967.

Die VAN war nach dem Verbot des Hamburger Landesverbandes der VVN 1958 als Ersatz gegründet worden.

VVN-BDA Hamburg

Er vertrat viele Jahre die Sowjetunion bei verschiedenen internationalen Gedenkveranstaltungen.

Auch im offiziellen Gedenken des Landes Niedersachsen spielten die sowjetischen Kriegsgefangenen lange Zeit keine Rolle; dieses galt in den Jahren nach Kriegsende vor allem den Opfern des Konzentrationslagers Bergen-Belsen. Die Landesregierung vertrat noch Anfang der 1980er Jahre die Auffassung, dass die Gedenkstätte Bergen-Belsen allen Opfern der nationalsozialistischen Gewaltherrschaft gewidmet sei und ihr deshalb eine zentrale Funktion zukomme, weshalb Gedenkveranstaltungen und Kranzniederlegungen darüber hinaus, zum Beispiel auf Kriegsgefangenenfriedhöfen, nicht angebracht seien.[84] Die niedersächsischen Landtagsfraktionen forderten allerdings 1985 in einer einstimmigen Entschließung die Landesregierung auf, in einer neu zu gestaltenden Gedenkstätte Bergen-Belsen künftig auch das Schicksal der sowjetischen Kriegsgefangenen zu dokumentieren,

84 Niedersächsisches Ministerium für Inneres und Sport, 199112/3, Bd. 1 „Sowjetischer Kriegsgräberfriedhof Hörsten, Gemeindefreier Bezirk Lohheide, Landkreis Celle".

Mark Tilewitsch spricht auf dem Friedhof in Wietzendorf zu den Teilnehmer_innen der Veranstaltung der VVN, 17. April 1969.
Stiftung niedersächsische Gedenkstätten/ Dokumentationsstelle Celle

zu dem bis dahin kaum Erkenntnisse vorlagen. Die Recherchen begannen 1988 und schlossen das Kriegsgefangenenlager Wietzendorf mit ein. Die Ausstellung im neuen „Dokumentenhaus" wurde 1990 schließlich mit einer kleinen Abteilung über die Kriegsgefangenenlager eröffnet. Ein Jahr später, zum 50. Jahrestag des Überfalls auf die Sowjetunion, folgte eine Sonderausstellung über das Leiden und Sterben der Kriegsgefangenen in den Lagern Bergen-Belsen, Fallingbostel, Oerbke und Wietzendorf. Diese wurde anschließend auch im Wietzendorfer Rathaus präsentiert. Ein Jahr zuvor, am 18. November 1990, hatte die Gemeinde Wietzendorf auf dem Kriegsgefangenenfriedhof zum ersten Mal einen Kranz niedergelegt. Bis dahin waren es neben der VVN lediglich Vertreter der sowjetischen Botschaft, die auf der Kriegsgräberstätte in Wietzendorf der sowjetischen Opfer gedachten. Auslöser für die Kranzniederlegung der Gemeinde war das vom 17. Juli bis zum 1. August 1990 durch den VDK-Landesverband Niedersachsen veranstaltete Internationale Jugend-Workcamp mit 28 Jugendlichen aus der BRD, UdSSR, Polen

Eröffnung der Ausstellung „Italienische Militärinternierte (IMI) vor 65 Jahren in Wietzendorf" im Rathaus in Wietzendorf am 15. April 2010. Links Maxim Tretjak, ehemaliger sowjetischer Kriegsgefangener, in der Mitte Giuseppe Cigognetti und auf der rechten Seite Michele Montagano, beide ehemalige italienische Militärinternierte.

Stiftung niedersächsische Gedenkstätten/Gedenkstätte Bergen-Belsen

und der DDR. Die Jugendlichen halfen eine neue Zuwegung zum Kriegsgefangenenfriedhof anzulegen, um zivilen Besuchern den ungehinderten Zugang zu ermöglichen. Darüber hinaus reinigten sie den Friedhof von angesammelten Unrat, säuberten die Grabzeichen und das Ehrenmal. Im Rahmen des Jugend-Workcamps sprach Bürgermeister Gustav Isernhagen am sowjetischen Ehrenmal von einer „Mauer des Schweigens", die um das ehemalige Lager und den Friedhof gezogen wurde. Erst die Italiener hätten durch ihren Besuch in Wietzendorf und mit der Aufstellung eines Gedenksteins für Hauptmann Lohse eine Öffnung bewirkt.[85] Er kündigte an, am Volkstrauertag zukünftig auch auf dem Kriegsgefangenenfriedhof einen Kranz niederzulegen. Das späte offizielle Gedenken an die sowjetischen Opfer seitens der Gemeinde begründete Bürgermeister Isernhagen mit der Angst vor einem Schuldeingeständnis und der Scham, welche die Menschen „bisher von diesem Platz ferngehalten" habe.[86]

Vom 22. April bis zum 30. September 1995 zeigte der Heimatverein Wietzendorf im Peetshof eine große Ausstellung zur Nachkriegsgeschichte des Lagers: „Kriegsende und Nachkriegszeit in Wietzendorf". Die Ausstellung wurde von einem Arbeitskreis des Heimatvereins unter Beteiligung und Mithilfe der Bevölke-

85 Böhme-Zeitung vom 21. Juli 1990.

86 Böhme-Zeitung vom 19. November 1990.

Die Gemeinde Wietzendorf legt am Volkstrauertag 2018 im Gedenken an die Opfer am sowjetischen Ehrenmal auf dem Kriegsgefangenenfriedhof einen Kranz nieder.

Sammlung Peter Wanninger

rung erarbeitet. Schwerpunkt war die Situation der Flüchtlinge und Vertriebenen, die zu Hunderten aus dem Osten und den zerbombten Großstädten nach Wietzendorf kamen. Zum ersten Mal wurde auch die Geschichte des Kriegsgefangenenlagers dargestellt, allerdings mit dem Fokus auf dem Oflag 83 und den gefangenen italienischen Offizieren. Dem „Russenlager" und den sowjetischen Kriegsgefangenen widmete sich die Ausstellung nur am Rande. Jedoch ließ die Gemeinde aus Anlass des 50. Jahrestages des Kriegsendes einen Gedenkstein für die etwa 16. 000 Opfer auf dem Alten Friedhof in der Bahnhofstraße aufstellen. Im Rahmen der Ausstellungseröffnung am 22. April 1995 wurde dieser feierlich eingeweiht.

Auch in den folgenden Jahren widmete sich die Gemeinde gemeinsam mit engagierten Bürger_innen immer wieder diesem Kapitel der Ortsgeschichte. Auf dem Friedhof wurden und werden Gedenkfeiern veranstaltet und Namenstafeln für die Opfer installiert, Ausstellungen erinnern an das Schicksal der Gefangenen. Am 15. April 2010 wurde im Rathaus in Wietzendorf die Ausstellung „Italienische Militärinternierte (IMI) vor 65 Jahren in Wietzendorf" eröffnet. Zu den Feierlichkeiten hatte die Gemeinde auch Überlebende der Lager in der Lüneburger Heide eingeladen.

Hauptmann Lohse

Hauptmann Lohse im Kriegsgefangenenlager Wietzendorf, Datum unbekannt, wahrscheinlich April 1945.

Archiv „Heimatverein Peetshof Wietzendorf e.V."

Hauptmann Lohse war seit Herbst 1944 im Stalag X B Sandbostel eingesetzt; Ende Januar 1945 kam er in das Oflag 83 nach Wietzendorf. Von Gefangenen im Lager Sandbostel erhielt er den Beinamen „Hauptmann Waffenstillstand".

Hauptmann Lohse war vermutlich bereits zwischen sechzig und siebzig Jahre alt und stammte aus Sachsen. Pietro Testa und weitere Gefangene im Oflag 83 beschrieben ihn als sehr gebildet. Er soll ein recht bekannter Maler gewesen sein und sehr interessiert an Gesprächen über Kunst und andere kulturelle Themen.

Nach Abzug eines Großteils der Wachmannschaft war Hauptmann Lohse ab dem 13. April 1945 Befehlshaber eines Restkommandos von rund dreißig Bewachern und übergab das Lager am 16. April kampflos einer sich später wieder zurückziehenden britischen Vorhut. Am Tag darauf soll er von deutschen Einheiten getötet worden sein. Zu den genauen Umständen liegen unterschiedliche Versionen vor. So wurde berichtet, er sei als Verräter getötet worden, da er einem Befehl zur Exekution der italienischen Offiziere nicht nachgekommen sei. Einige italienische Offiziere meinten, dass ihm die Versorgung der Italiener mit Lebensmitteln aus der Gemeinde Wietzendorf als Verrat ausgelegt worden sei. Andere wiederum berichteten, man habe Hauptmann Lohse vorgeworfen, das Lager nicht gegen „drei Engländer" verteidigt zu haben. Was tatsächlich mit ihm geschehen ist, lässt sich nicht aufklären. Sein Tod in Zusammenhang mit der Befreiung des Oflag 83 ist nicht zuverlässig belegt; Lebenszeichen aus der Zeit nach Kriegsende sind allerdings nicht bekannt.

Gedenktafel für die verstorbenen Italiener und Hauptmann Lohse

Seit Jahren war es für die in den damaligen Konsularbereichen Hamburg, Bremen, Hannover und Wolfsburg ansässigen Italiener_innen Tradition, den Jahrestag der Befreiung gemeinsam zu begehen. Anlass die Gedenkveranstaltung am 25. April 1987 in Wietzendorf durchzuführen war der Besuch einer Gruppe ehemaliger Offiziere aus Genua und Brescia, die im Oflag 83 interniert gewesen waren. Diese wollten als Zeichen der Versöhnung Wietzendorf einen Besuch abstatten. In diesem Zusammenhang initiierten das italienische Generalkonsulat in Hannover und die Überlebenden des Oflag 83 die Aufstellung einer Gedenktafel für die verstorbenen Italiener sowie den deutschen Hauptmann Lohse auf dem alten Friedhof in Wietzendorf.

An der Feierstunde nahmen neben den Gästen aus Italien der Bürgermeister und andere Vertreter_innen der Gemeinde sowie zahlreiche Italiener_innen aus Niedersachsen teil. Die Setzung des Gedenksteins für Hauptmann Lohse ermöglichte den Wietzendorfern, sich an die Opfer zu erinnern und ihrer zu gedenken, ohne Anklage und Schuldzuweisung fürchten zu müssen. Es wurde eine Tür geöffnet, um die Geschichte des Ortes aufzuarbeiten. Der Stein, so Bürgermeister Gustav Isernhagen in seiner Ansprache am 25. April 1987, erinnere daran, „dass italienische Soldaten im Gefangenenlager Wietzendorf gestorben sind. Aber er erinnert nicht durch Vorwurf und Anklage. Dieser Stein erinnert durch das dankbare Gedenken an einen deutschen Offizier, der sein Leben für das anderer eingesetzt hat."

Quelle: Archiv „Heimatverein Peetshof Wietzendorf e.V.", 04.06.06.

Feierstunde auf dem alten Friedhof: Veranstalter war das italienische Generalkonsulat in Hannover, 25. April 1987.

Foto von Reinhard Otto; Heimatverein Peetshof Wietzendorf e.V.

Erinnerungszeichen

Heute haben die Erinnerung und das Gedenken an das Kriegsgefangenenlager bzw. an die Opfer große Bedeutung in Wietzendorf. Am Bahnhof, auf dem alten Friedhof und am ehemaligen Lagergelände erinnern Gedenksteine und Informationstafeln an das Schicksal der Kriegsgefangenen.

Gedenktafel am ehemaligen Lagergelände mit Informationen zur Geschichte des Lagers „Osterheide", aufgestellt von der Gemeinde Wietzendorf im Juni 2011.
Foto von 2012

Sammlung Peter Wanninger

Gedenktafel für den deutschen Hauptmann Lohse auf dem Alten Friedhof.
Foto von 2019

Die Inschrift lautet:

„In dankbarer Erinnerung an Hauptmann Lohse der 1945 sein Leben lassen musste, weil er mehrere italienische Offiziere rettete, die in Wietzendorf gefangen waren und im Gedenken an die 60 gefallenen Italiener.
Das Italienische Generalkonsulat in Hannover und die italienischen Heimkehrer aus Wietzendorf
Wietzendorf, den 25. April 1987"

Die Zahl der „60 gefallenen Italiener" bezieht sich auf alle italienischen Gefangenen des Oflag 83, die nicht nur in Wietzendorf, sondern auch andernorts in Lazaretten oder im Arbeitseinsatz verstorben sind.

Stiftung niedersächsische Gedenkstätten/Dokumentationsstelle Celle

Seit 2016 erinnert auch am Bahnhof eine Gedenktafel an das Schicksal der sowjetischen Kriegsgefangenen. Die Gefangenen kamen in Viehwaggons in Wietzendorf an und mussten den Weg zum Lager durch das Dorf zu Fuß zurücklegen. Schülerinnen und Schüler der Wietzendorfer Oberschule weihten am 2. Februar 2016 gemeinsam mit Bürgermeister Uwe Wrieden die Tafel ein. Foto von 2019

Stiftung niedersächsische Gedenkstätten/ Dokumentationsstelle Celle

Gedenkstein auf dem Alten Friedhof für die sowjetischen Opfer des Kriegsgefangenenlagers Wietzendorf. Foto von 2017

Die Inschrift lautet:

„Während des zweiten Weltkrieges haben etwa 16.000 russische Kriegsgefangene von Herbst 1941 bis Frühjahr 1943 im Lager Wietzendorf Osterheide (Stalag X D 310) den Tod gefunden. Bis zu 400 Gefangene starben täglich durch Erfrieren / Verhungern / Epidemien und Gewaltanwendung. Sie wurden auf dem nahen Gefangenenfriedhof überwiegend in Massengräbern beigesetzt. Wenige Überlebende haben bis 1945 in Wietzendorfer Familien gearbeitet und sind von ihnen versorgt worden. – Im Gedenken an die Opfer des Wietzendorfer Gefangenenlagers April 1995"

Stiftung niedersächsische Gedenkstätten/ Gedenkstätte Bergen-Belsen

Biographie
Mark Tilewitsch

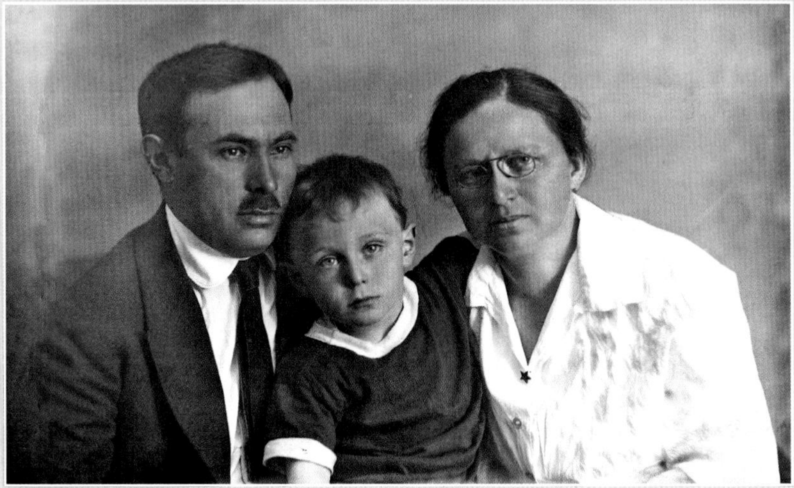

Mark Tilewitsch mit seinen Eltern, 1928.
Privatbesitz

Mark Tilewitsch während des Armeedienstes in Deutschland.
Stendal, 1946
Privatbesitz

Mark Tilewitsch wurde am 10. Juli 1922 in einer jüdisch-ukrainischen Familie in Moskau geboren. Im Herbst 1940 wurde er zur Roten Armee einberufen. Er diente als Untersergeant in einer Artillerieeinheit an der westlichen Grenze der Sowjetunion und war außerdem als stellvertretender „Politruk" (Politischer Leiter) für die politische Schulung von Rotarmisten_innen zuständig.

Gleich nach Kriegsbeginn geriet Mark Tilewitsch nach einer Verwundung in deutsche Gefangenschaft. Seinen jüdisch klingenden Vornamen ersetzte er durch den typisch russischen Vornamen „Michail". Dennoch lief er täglich Gefahr, wegen seines „jüdischen" Aussehens Opfer rassistisch motivierter Selektionen unter den Kriegsgefangenen zu werden.

Im Herbst 1941 wurde Mark Tilewitsch über das Lager Ebenrode in Ostpreußen in das Stalag X D (310) Wietzendorf transportiert und von dort aus weiter in das Arbeitskommando

Mark Tilewitsch während eines Besuches in Wietzendorf, hier zusammen mit Bürgermeister Uwe Wrieden im Rathaus, 16. April 2008
Gemeinde Wietzendorf

Meinkingsburg bei Nienburg. Gemeinsam mit zwei weiteren Kameraden bereitete er die Flucht aus dem Lager vor und besorgte Kleidung, Landkarte und Kompass. Die Drei wurden jedoch etwa zwei Wochen später wieder gefasst und in das Straflager Kirchdorf bei Nienburg transportiert. Im November 1943 wurde Mark Tilewitsch nach einem erneuten Fluchtversuch von der Gestapo verhaftet und in das KZ Sachsenhausen überführt.

Nach der Befreiung setzte Mark Tilewitsch seinen Armeedienst in der sowjetischen Besatzungszone fort. Als er 1946 nach Moskau zurückkehrte, wurde er zunächst als demobilisierter Soldat und nicht als ehemaliger Kriegsgefangener angesehen. Dies ersparte ihm zusätzliche Überprüfungen durch sowjetische Sicherheitsdienste und ermöglichte ihm ein Studium für Verlagswesen und Journalistik. Als ehemaliger Kriegsgefangener konnte er lange Zeit jedoch keine feste Anstellung finden. Ab 1958 arbeitete er als Redakteur bei der Automobilzeitschrift „Sa ruljom"(„Am Steuer"). 1960 stieg er zum stellvertretenden Chefredakteur auf.
Nach der Gründung des sowjetischen Kriegsveteranenverbandes im Jahr 1956 arbeitete Mark Tilewitsch ehrenamtlich in der Sektion der ehemaligen Kriegsgefangenen und KZ-Häftlinge. Er vertrat viele Jahre die Sowjetunion bei verschiedenen internationalen Veteranentreffen. Seit 1984 war er Vizepräsident des Internationalen Sachsenhausen-Komitees.

Mark Tilewitsch ist 2018 verstorben.

Biographie
Viktor Malkow

Viktor Malkow als Rotarmist.
Kasan, 15. April 1940.
Privatbesitz Jurij Malkow

Viktor Malkow (links) mit Kameraden nach der Befreiung in Wietzendorf, April/Mai 1945.
Stiftung niedersächsische Gedenkstätten / Dokumentationsstelle Celle

Viktor Malkow wurde am 5. Oktober 1916 im Dorf Ik (Gebiet Kurgan, Russland) geboren.

1929 wurde die Familie Malkow Opfer einer von Stalin angeordneten Überführung des Privateigentums der Bauern in Kollektiveigentum. Später wurde die Familie in den Norden des Urals zwangsumgesiedelt. 1936 meldete sich Viktor Malkow für ein Studium an der Fachschule für Straßenbauwesen in Swerdlowsk (heute Jekaterinburg) an. Sein Traum war ein Studium des Straßenbauwesens an einer Hochschule in Moskau. Um seine Aufnahmechancen zu erhöhen, meldete er sich 1939 freiwillig zur Armee.

Im Juli 1941 geriet Viktor Malkow in Weißrussland in deutsche Gefangenschaft. Im September 1941 wurde er in das Stalag Wietzendorf transportiert und ab Mai 1943 in der Wietzendorfer Bäckerei von Wilhelm Kruse als Hilfsarbeiter eingesetzt. Aufgrund der verhältnismäßig guten Verpflegung und Behandlung verbesserte sich sein Gesundheitszustand.
Im April 1945 wurde er in Wietzendorf befreit.

Als Viktor Malkow 1991 auf Einladung des Bürgermeisters von Wietzendorf nach Deutschland kam, traf er sich mit den Kindern und Enkelkindern des Bäckers Wilhelm Kruse. Wilhelm Kruse junior war ein kleiner Junge als Viktor Malkow in der Bäckerei seines Vaters arbeitete.

Viktor Malkow mit Wilhelm Kruse junior (rechts) und dessen Frau Erika, Wietzendorf 1991

Stiftung niedersächsische Gedenkstätten/Dokumentationsstelle Celle

Viktor Malkow in seiner Wohnung in Jekaterinburg, Mitte der 1990er Jahre.
Die Geschichte seiner Gefangenschaft, das Wiedersehen mit Elisabeth Oschmann (Kuschnereit) und der Familie Kruse dokumentierte Viktor Malkow in einem Album.
Viktor Malkow verstarb 2007 in Jekaterinburg.

Stiftung niedersächsische Gedenkstätten/Dokumentationsstelle Celle

Nach Kriegsende kehrte Viktor Malkow im Herbst 1945 in die Sowjetunion zurück. Weil er kein Fachstudium absolviert hatte, arbeitete er zuerst als Bautechniker und später als Bauleiter. Um das Ingenieursdiplom für Straßenbauwesen zu bekommen, nahm er 1954 ein Fernstudium an der Fachhochschule für Kommunalwirtschaft in Moskau auf, das er 1958 beendete.

Im Hause von Wilhelm Kruse hatte Viktor Malkow 1945 die 17-jährige Elisabeth Kuschnereit kennengelernt, beide verliebten sich ineinander. 1987, in der Zeit der „Perestrojka" unter Gorbatschow, schrieb Viktor Malkow an die Familie Kruse und erhielt von ihr die Adresse von Elisabeth Oschmann (geb. Kuschnereit). Das Wiedersehen von Viktor Malkow und Elisabeth Oschmann fand 1988 in Moskau statt.

Elisabeth Oschmann begleitete Viktor Malkow während seines Aufenthalts in Deutschland 1991. Mit ihr zusammen besuchte er den Friedhof der sowjetischen Kriegsgefangenen in Wietzendorf.

Stiftung niedersächsische Gedenkstätten/Dokumentationsstelle Celle

Biographie
Michele Montagano

Italienische Offiziere in Sandbostel, Oktober 1944.
Privatbesitz Michele Montagano

Michele Montagano, März 1942.
Privatbesitz Michele Montagano

Michele Montagano wurde am 27. Oktober 1921 in Casacalenda, einem Dorf in der Provinz Campobasso in Süditalien geboren. Hier besuchte er die Grundschule und anschließend das Gymnasium. Im Oktober 1940 begann Michele Montagano ein Studium der Rechtswissenschaften in Rom. Nur kurze Zeit später, im Februar 1941, wurde er zum Militärdienst einberufen und an der albanisch-griechischen Front eingesetzt. Im Oktober 1942 kam er nach Gorizia an die italienisch-slowenische Grenze. Nach Bekanntgabe des Waffenstillstandes Italiens mit den Alliierten am 8. September 1943 wurde Michele Montagano hier von deutschen Truppen gefangen genommen.

Am 21. Dezember 1944 wurde Montagano vom Stalag X B Sandbostel in das Oflag 83 nach Wietzendorf verlegt und von dort mit weiteren 213 italienischen Offizieren am 16. Februar 1945 zur Arbeit auf den Fliegerhorst Dedelstorf versetzt. Ein Großteil der Offiziere verweigerte die Arbeitsaufnahme, woraufhin 44 Offiziere in das Arbeitserziehungslager der Gestapo in Unterlüß eingewiesen wurden, darunter auch Montagano. Anfang April 1945 wurden die Häftlinge aus der Gestapohaft entlassen und schließlich in einem kleinen Ort zwischen Unterlüß und Celle am 12. April 1945 von britischen Truppen befreit.

Wenige Monate nach seiner Rückkehr nach Italien immatrikulierte er sich an der Universität Pavia. 1951 schloss er sein Studium der Rechtswissenschaften in Mailand ab und kehrte nach Casacalenda zurück. 1952 schloss er sich der Associazione Nazionale Ex Internati (ANEI), der Vereinigung ehemaliger Militärinternierter an. Nach seiner Pensionierung im Jahre 1973 engagierte sich Michele Montagano verstärkt für die Interessen der ehemaligen Militärinternierten. Wichtig war ihm außerdem die Arbeit an Schulen und Universitäten nicht nur in Italien, sondern auch in Deutschland. Mit Vorträgen klärte er über das Schicksal der italienischen Militärinternierten auf, um das politische Bewusstsein der jungen Menschen zu schärfen. 2019 erhielt er für sein Engagement das Bundesverdienstkreuz.

Ausstellungseröffnung „Zwischen allen Stühlen – Die Geschichte der italienischen Militärinternierten 1943–1945" im Dokumentationszentrum NS Zwangsarbeit in Berlin-Schöneweide am 28. November 2016.

Bundesaußenminister Frank-Walter Steinmeier (links) und sein italienischer Amtskollege Paolo Gentiloni (rechts) waren extra nach Schöneweide gekommen, um gemeinsam mit ehemaligen italienischen Militärinternierten und deren Angehörigen die Aufarbeitung dieses Kapitels deutsch-italienischer Geschichte zu würdigen.

Jürgen Sendel/Stiftung Topographie des Terrors

1972 besuchte Michele Montagano zum ersten Mal gemeinsam mit seinem Sohn eine ehemalige Stätte seiner Gefangenschaft. Die Reise nach Biała Podlaska (Polen) wurde von der ANEI anlässlich der Einweihung eines Mahnmals zum Gedenken an die dort verstorbenen italienischen Offiziere organisiert.

Michele Montagano (zweiter von rechts) mit Mitgliedern der ANEI.

Privatbesitz Michele Montagano

Schicksalsklärung

Die sowjetischen Kriegsgefangenenfriedhöfe rücken seit einigen Jahren zunehmend in den Fokus der Forschung und des bürgerschaftlichen Engagements – Wissenschaftler_innen erforschen die Geschichte der Anlagen, engagierte Bürger_innen widmen sich der Schicksalsklärung der Opfer und betreuen Angehörige beim Besuch der Grabstätten.

Die Unterlagen der Wehrmacht zu den sowjetischen Kriegsgefangenen standen der Forschung lange Zeit nicht zur Verfügung. Erst seit 1996 ist bekannt, dass die Wehrmachtdokumente über die verstorbenen und ermordeten sowjetischen Kriegsgefangenen zum überwiegenden Teil im Zentralen Archiv des Verteidigungsministeriums der Russischen Föderation (CAMO) in Podolsk bei Moskau aufbewahrt werden. Die Rote Armee hatte die Karteiunterlagen der WASt und der Lager 1945 in die Sowjetunion überführt. Nach intensiven Bemühungen und mit Genehmigung des russischen Generalstabs erhielten deutsche Forscher 1997 erstmals Zugang zu dem Bestand. Kurz darauf regte die niedersächsische Kultusministerin Renate Jürgens-Piper in einem Schreiben an den Beauftragten des Bundes für Kultur und Medien (BKM) ein Erschließungsprojekt für diese Unterlagen an. Nach zahlreichen Konsultationen, an denen unter anderen das Bundesarchiv, die Deutsche Dienststelle (WASt), das Auswärtige Amt und das Bundesinnenministerium beteiligt waren, und entsprechenden Verhandlungen mit der russischen Seite wurde im Jahr 2000 beschlossen, sämtliche verfügbaren Dokumente zu reproduzieren und im Rahmen eines deutsch-russischen Gemeinschaftsprojekts die darauf enthaltenen Angaben zu Person, Lageraufenthalten und Verbleib der Gefangenen elektronisch zu erfassen. Im Mittelpunkt standen die Karteiunterlagen, die sich heute im CAMO befinden, und die Personal-Dokumente, die in den regionalen Archiven des ehemaligen sowjetischen Geheimdienstes in den Nachfolgestaaten der Sowjetunion aufbewahrt werden: Unterlagen der repatriierten Gefangenen oder von Gefangenen, die zwar nicht zurückgekehrt waren, aber bei der Auswertung durch sowjetische Stellen Ende der 1940er Jahre nicht eindeutig als „unwiederbringliche Verluste" interpretiert worden waren. Darunter befinden sich zahlreiche Karteikarten mit dem abschließenden Eintrag „aus der Gefangenschaft entlassen", was

Tontafel-Stelen im Eingangsbereich des Kriegsgefangenenfriedhofes in Wietzendorf, November 2016.
Sammlung Peter Wanninger

von den sowjetischen Organen als Indiz für Kollaboration gewertet wurde, in vielen Fällen jedoch die Übergabe an die Gestapo und anschließende Ermordung im KZ bedeutet hatte.

Seitdem das russische Verteidigungsministerium im Frühjahr 2008 auf der Webseite *www.obd-memorial.ru* die Namen und die Personalunterlagen der verstorbenen Kriegsgefangenen aus dem CAMO veröffentlicht hat, steigen die Anfragen und Besucherzahlen von Angehörigen aus den Nachfolgestaaten der Sowjetunion stetig an. Für die große Mehrheit der Familien blieb das Schicksal ihrer Angehörigen bis zur Veröffentlichung der Wehrmachtunterlagen ungeklärt. Außer einer Vermisstenmeldung gab es keine Nachricht über ihren Verbleib – die Mehrheit der sowjetischen Kriegsgefangenen galt offiziell als verschollen. Es gibt eine große Nachfrage nach weiteren Informationen und ein großes Bedürfnis, die Sterbeorte der Angehörigen zu besuchen, Abschied zu nehmen, zu erinnern und zu gedenken. Viele möchten einen persönlichen Grabstein für den Vater, Bruder, Großvater, oder Onkel aufstellen. Die Zustimmung dafür muss beim Niedersächsischen Ministerium für Inneres und Sport als der zuständigen Behörde für die Gräber der Opfer von Krieg und Gewaltherrschaft eingeholt werden.

Die Dokumente aus dem CAMO bilden heute eine wichtige Grundlage für die Bildungsarbeit. Seit November 2013 recherchieren Schülerinnen und Schüler der umliegenden Schulen anhand der Personaldokumente der Wehrmacht das Schicksal einzelner sowjetischer Kriegsgefangener; die persönlichen Daten des verstorbenen Gefangenen werden auf einer Tontafel festgehhalten und auf Stelen im Eingangsbereich des Friedhofs installiert. Unterstützt wird das Projekt von der Gemeinde Wietzendorf und der Arbeitsgemeinschaft Bergen-Belsen e.V.

Die Gemeinde Wietzendorf hat es sich zur Aufgabe gemacht, die von weither angereisten Angehörigen der Opfer während Ihres Besuches zu betreuen und nach einer Einladung ins Rathaus und einem Rundgang durch die Gemeinde zum Friedhof zu begleiten. Nicht selten kommt es dabei vor, dass über alle historischen Gräben und Sprachgrenzen hinweg Familiengeschichten erzählt, Fotos gezeigt und Kontaktdaten ausgetauscht werden. Solche Begegnungen weiter zu fördern, so der frühere Bürgermeister Uwe Wrieden, sei das ehrenvolle Ziel der Gemeinde.

Angehörige besuchen den Friedhof

Im Mai 2016 besuchten Swetlana und Viktor Kotscherga den Kriegsgefangenenfriedhof in Wietzendorf. Der Großvater von Swetlana Kotscherga, Sawa Martschenko, starb im Dezember 1941 im Stalag X D (310) Wietzendorf. Er hatte vier Kinder.

Das Foto entstand am Bahnhof von Wietzendorf. Bahnsteig und Bahnhofsgebäude haben ihr Aussehen seit 1945 kaum verändert.

Sammlung Peter Wanninger

Swetlana Kotscherga legt einen Blumenkranz am sowjetischen Ehrenmal auf dem Kriegsgefangenenfriedhof nieder.

Sammlung Peter Wanninger

Nadeshda Grishina und ihre Cousine Tatjana Migalina besuchten im Mai 2013 den Friedhof in Wietzendorf. Hier wurde ihr Onkel Pawel Wasin im Winter 1941/42 bestattet.

Nadeshda Grishina reiste aus Costa Rica an, Tatjana Migalina aus Podolsk bei Moskau. Anna, die älteste Schwester von Pawel Wasin, mittlerweile 91 Jahre alt, war während des Krieges als Sanitäterin in der Roten Armee eingesetzt. Die ganze Familie wartete gespannt auf die Rückkehr der Cousinen, auf ihre Berichte und Fotografien.

In Wietzendorf wurden Nadeshda Grishina (rechts) und Tatjana Migalina (Mitte) von Bürgermeister Uwe Wrieden mit Kaffee und Kuchen im Rathaus empfangen.

Während ihres Aufenthaltes wurden die Cousinen von Alla Wanninger (links) betreut.

Sammlung Peter Wanninger

Nadeshda Grishina und Tatjana Migalina vor dem sowjetischen Ehrenmal.
Sammlung Peter Wanninger

Nadeshda Grishina und Tatjana Migalina mit Bürgermeister Uwe Wrieden im Rathaus vor dem Wietzendorfer Wappen.
Sammlung Peter Wanninger

Elena Aseewa besuchte im Februar 2014 mit einer Freundin Wietzendorf. Ihr Urgroßvater Pawel Morosow starb am 6. Februar 1942 im Lazarett des Stalag X D (310) Wietzendorf, nachdem er schwer erkrankt aus einem Arbeitskommando in Steyerberg (Kreis Nienburg/Weser) dorthin verlegt worden war.

Elena Aseewa vor der Stele mit der Tontafel für ihren Urgroßvater Pawel Morosow.
Sammlung Peter Wanninger

In einem Brief an den Bürgermeister Uwe Wrieden beschrieb Elena Aseewa ihre Eindrücke von dem Besuch in Wietzendorf:

„Meine Großmutter und ihr Bruder waren noch ganz klein, sie spielten gerade draußen, als der Postbote kam und den beiden den letzten Brief ihres Vaters übergab. Der kleine Bruder meiner Oma steckte den Brief in eine Ritze in der Scheune und eine Ziege fraß ihn auf. Danach hat meine Großmutter nie wieder etwas von ihrem Vater gehört. Die Familie forschte nach, so gut es ging, aber alle Antworten auf ihre Anfrage lauteten: ‚unbekannt verschollen'. Das letzte Mal sah meine Großmutter ihren Vater zu Beginn des Krieges.

Erst vor etwa zwei Jahren fand mein Bruder im Internet die ‚Personalkarte' unseres Urgroß-

Elena Aseewa vor dem sowjetischen Ehrenmal, 2014.
Sammlung Peter Wanninger

vaters, eine in Wietzendorf ausgestellte Registerkarte für Kriegsgefangene. Als wir diese Information in den Händen hatten, kam auch gleich die Idee, seine Grabstätte zu besuchen. Mit diesem Gedanken beschäftigten wir uns die ganze Zeit, erst wollte meine Großmutter fahren, entschied sich aber wegen ihres hohen Alters dagegen. Dann entschloss ich mich zu reisen und habe in dieser Angelegenheit eine lange Korrespondenz mit einer deutschen Freundin geführt. Sie vermittelte einen sehr umfangreichen Austausch von E-Mails mit dem Bürgermeister von Wietzendorf, Herrn Uwe Wrieden, der, wie sich bei näherer Beschäftigung mit dem Thema herausstellte, in russischen Internetforen sehr bekannt und geschätzt ist, weil er allen, die die Grabstätte ihrer Verwandten besuchen möchten, Hilfe leistet. Außerdem bekamen wir Kontakt zu Alla und Peter Wanninger von der AG Bergen-Belsen, beide auch richtige Berühmtheiten in den entsprechenden Foren. Als wir verstanden hatten, dass unsere größte Sorge, nämlich uns vor Ort nicht zurechtzufinden und uns zu verirren, zerstreut war und wir erfahren hatten, dass wir sogar abgeholt und begleitet werden, fuhr ich erleichtert und gelöst aus Moskau los und kam dank all dieser erfreulichen Umstände zu guter Letzt in Wietzendorf an.

Nachdem meine Freundin den ersten Brief an den Bürgermeister geschrieben hatte, schrieb sie auch an mich: ‚Machen wir uns nicht zu viel Hoffnung, vermutlich kommt noch nicht einmal eine Antwort.' Und was waren wir verwundert und dankbar – eine solch schnelle Reaktion des Bürgermeisters und die zahlreichen Hilfsangebote hätten wir nie erwartet. Und wie mir

Auf dem Kriegsgefangenenfriedhof in Wietzendorf, 2014. von rechts: Elena Aseewa und ihre Freundin, Alla Wanninger und Bürgermeister Uwe Wrieden

Sammlung Peter Wanninger

meine Freundin bestätigt hat, ist es nicht in allen deutschen Orten so, die eine solch traurige Vergangenheit haben. Und alles geschieht in Wietzendorf mit einer Selbstverständlichkeit, als sei es das Normalste der Welt. Das Beste ist noch, aber das wussten wir vorher nicht, dass auch ohne Deutschkenntnisse Kontakt aufgenommen werden kann, da Alla Russisch spricht.

Wir wurden in Wietzendorf von bemerkenswert sympathischen und freundlichen Menschen an der Haltestelle eines Linienbusses in Empfang genommen. Zu schade, dass so wenig Zeit war, ich hätte gern noch weiter mit ihnen gesprochen. Und der Bürgermeister hat uns vollständig verblüfft, schon, als der Kontakt nur über E-Mails bestand. Er schrieb, dass er uns zum Mittagessen einladen wird und selbstverständlich ein Gebinde Blumen zum Niederlegen und einen Beutel mitbringt, damit ich Erde mit nach Moskau nehmen kann. Als ich das meiner Großmutter erzählt habe, musste sie weinen.

Mein Urgroßvater hieß Pawel Morosow. Er wurde in dem Verwaltungsbezirk (Oblast) Iwanowo geboren, war von Beruf Koch und hat auch als Fahrer gearbeitet. Diesen zweiten Beruf verschwieg er offensichtlich im Lager, folgt man den Angaben auf der Personalkarte. Im Alter von 30 Jahren musste er in den Krieg und mit 30 ist er auch gestorben.

Mein Gehirn weigert sich vermutlich einfach, das, was damals geschehen ist, zu glauben. Ich konnte auch vor Ort nicht weinen, obwohl ich oft daran gedacht habe, dass mein Urgroßvater in einem Alter gestorben ist, als er jünger war als ich es jetzt bin, dass er nicht erleben konn-

Elena Aseewa nimmt Erde vom Kriegsgefangenenfriedhof in Wietzendorf mit in die Heimat nach Russland.
Sammlung Peter Wanninger

te, wie seine Kinder aufwachsen und nie mehr seine Frau Marusja umarmen konnte. Genauso wenig konnte ich aufnehmen und fassen, was in der Gedenkstätte Bergen-Belsen über die Gräuel gezeigt wird.

Aber ich weiß nun nach dieser Fahrt, was ich meinen Kindern über den Krieg und über diesen ‚anderen Planeten', als der mir Deutschland immer erschien und den ich nun ein wenig kenne, erzählen werde.

Vor der Reise war ‚Wietzendorf' für mich nicht mehr als ein Wort auf der zufällig gefundenen Karteikarte meines Urgroßvaters. Und jetzt, nach dem Besuch dort, bleibt Wietzendorf für mich für immer ein sympathischer Ort, an dem nette und herzensgute Menschen leben; Menschen, die gastfreundlich sind und ihre aufrichtige Bereitschaft zeigen, Besucher zu empfangen. Menschen, die wissen, was an Schrecklichem in ihrer Gemeinde geschehen ist, es weitererzählen, den Angehörigen der Opfer helfen und an den Gefühlen, derjenigen, die an die Grabstätte ihrer Angehörigen fahren, Anteil nehmen.

Elena Aseewa, Moskau, März 2014"

Übersetzung: Monica Krüger/Berlin
Sammlung Peter Wanninger

Ansichten

Das sowjetische Ehrenmal, Foto von 2014.
Manfred Bargfrede, Wietzendorf

Umzäunung der Kriegsgräberstätte:
Relikte der Zaunpfähle aus dem Jahr 1945.
Foto von 2019
Stiftung niedersächsische Gedenkstätten/
Dokumentationsstelle Celle

Eine der historischen Betonstelen im Eingangsbereich.
Foto von 2019
Stiftung niedersächsische Gedenkstätten/
Dokumentationsstelle Celle

Der im Sommer 1990 angelegte rückwärtige Eingang.
Außerhalb des Truppenübungsplatzes wurde ein Parkplatz planiert, von dem aus Besucher die Friedhofsanlage zu Fuß und ohne Einschränkungen erreichen können.
Foto von 2019

Stiftung niedersächsische Gedenkstätten/ Dokumentationsstelle Celle

Zuwegung zur Friedhofsanlage seit 1990.
Foto von 2014

Manfred Bargfrede, Wietzendorf

Historischer Eingang zur Kriegsgräberstätte in Wietzendorf. Dieser Zugang steht der Öffentlichkeit nur eingeschränkt am Wochenende zur Verfügung.
Foto von 2014

Manfred Bargfrede, Wietzendorf

Auswahlbibliographie

Ortsgeschichte Wietzendorf

Ulrike Begemann: Wietzendorf – einst und jetzt. Geschichte eines Heidedorfes, Wietzendorf 1992

Sowjetische Kriegsgefangene

Rolf Keller: Sowjetische Kriegsgefangene im Deutschen Reich 1941/42. Behandlung und Arbeitseinsatz zwischen Vernichtungspolitik und kriegswirtschaftlichen Zwängen, Göttingen 2011

Rolf Keller/Silke Petry (Hrsg.): Sowjetische Kriegsgefangene im Arbeitseinsatz 1941–1945. Dokumente zu den Lebens- und Arbeitsbedingungen in Norddeutschland, Göttingen 2013

Christian Streit: Keine Kameraden. Die Wehrmacht und die sowjetischen Kriegsgefangenen 1941–1945, Bonn 1997

Stalag X D (310) Wietzendorf

Michal Dorniak: Meine Erinnerungen (1914–1994), Langwege 1994 (Eigenverlag)

Rolf Keller: „Russenlager". Sowjetische Kriegsgefangene in Bergen-Belsen, Fallingbostel, Oerbke und Wietzendorf, in: Hans-Heinrich Nolte (Hrsg.): „Der Mensch gegen den Menschen". Überlegungen und Forschungen zum deutschen Überfall auf die Sowjetunion, Hannover 1992

Rolf Keller: „Die kamen in Scharen hier an, die Gefangenen." Sowjetische Kriegsgefangene, Wehrmachtsoldaten und deutsche Bevölkerung in Norddeutschland 1941/42, in: Rassismus in Deutschland, Bremen 1994, S. 35-60 (Beiträge zur Geschichte der nationalsozialistischen Verfolgung in Norddeutschland, Heft 1)

Italienische Militärinternierte

Dokumentationszentrum Zwangsarbeit (Hrsg.): Zwischen allen Stühlen. Die Geschichte der italienischen Militärinternierten 1943–1945, Berlin 2016 (Katalog zur Dauerausstellung)

Gabriele Hammermann: Zwangsarbeit für den „Verbündeten". Die Arbeits- und Lebensbedingungen der italienischen Militärinternierten in Deutschland 1943–1945, Tübingen 2002

Gerhard Schreiber: Die italienischen Militärinternierten im deutschen Machtbereich 1943–1945. Verraten – verachtet – vergessen. Schriftenreihe des Militärgeschichtlichen Forschungsamtes, München 1990

Oflag 83 Wietzendorf

Diego Are: Nebbia e girasoli. Nei campi di concentramento tedeschi. Settembre 1943 – Settembre 1945, Roma 1973

Associazione Nazionale Ex Internati (Hrsg.): La Resistenza nei „Lager" vissuta e vista dai Pittori, Roma 1979

Associazione Nazionale Ex Internati (Hrsg.): Venti mesi fra i reticolati. LX tavole del Cap. Prof. M. Tomadini, Roma 1999

Enzo de Bernat: Da Spalato a Wietzendorf. Storia degli internati militari italiani, Mursia 1973

Alessandro Berretti: Attenti al filo!, Genova 1946

Natale Borsetti: La mia resistenza non armata. Appunti e disegni di un militare italiano nei lager nazisti dal 1943 al 1945, Firenze 2005

Nuccia Castellana (Hrsg.): Diario di No. 45730 Ten. Castellana Salvatore, o. O. o. J. (Eigenverlag der Familie Castellana)

Antonella Bartolo Colaleo: Matite sbriciolate. I militari italiani nei lager nazisti: Un testimone, un album, una storia commune, Chieri 2017

Enzo Colantoni: Diario di Prigionia 1943–1945, Foligno 1999

Paolo Desana: La via del Lager, Alessandria 1994

Alessandro Dietrich: Baracche. Appunti di prigionia 1944–1945. Due anni di vita nei campi degli „Schiavi di Hitler", Milano 2007

Sandro Disertori: Mondi in catene, Rovereto 2007

Laura Fano: Chi oltrepassa viene ucciso. Storia dimenticata di una grigionia negate, Bitetto 2011

Giovannino Guareschi: Nicht umzubringen. Heimliches Tagebuch, Starnberg 1971

Giovannino Guareschi: Il grande diario. Giovannino cronista del Lager 1943–1945, Milano 2008

Andrea Parodi: Gli eroi di Unterlüss. La storia di 44 ufficiali IMI che sfidarono i nazisti, Milano 2016

Don Luigi Pasa: Tappe di un calvario. Storia di 20 mesi in prigionia nei campi di concentramento in Germania e Polonia, Vicenza 1954

Guiseppe Enrico Podestà: Sorella Prigionia, Olginate 1989

Antonio Rossi: Deportato N. 5500. 8 Settembre 1943 – 6 Settembre 1945, Fasano 2005

Luigi Francesco Ruffato/Patrizio Zanella: Umanita nei Lager nazisti. Testimonianze, Padova 2004

Carlo Sarti: Appunti di prigionia 1943–1945, Foligno 2005

Claudio Sommaruga: NO! 1943–1945. Anatomia di una Resistenza. Testimonianza-confessione di un ottuagenario prima... durante... e dopo il Lager nazista... (1920–2000), Roma 2001

Pietro Testa: Wietzendorf, Roma 1946 (Nachdruck 1973)

Marcello Tomadini: Venti mesi fra i reticolati, Vicenza 1946

Romano Turrini: Memorie. Mario Turrini profugo, orfano di guerra, soldato, internato militare 1914–1945, Arco 2005

Martina Wagemann und Manfred Bargfrede: Italienische Militärinternierte (IMI) vor 65 Jahren in Wietzendorf. Erinnerungen im Rathaus Wietzendorf 15. April – 25. Juni 2010 (Dokumentation der Sonderausstellung)

Riccardo Zipoli (Hrsg.): Gefangenennummer 40148. Memorie dai lager nazisti del capitano Mario Zipoli, Venezia 2003

Französische Kriegsgefangene in Wietzendorf

Louis Francis: Jusqu'à Bergen, Paris 1947

Maurice Guillon: Carnet de retour http://s225821866.onlinehome.fr/RETOUR_REINSERTION3.php